学生の
学生による学生のための

マーケティング入門
【改訂版】

片上洋編著

三学出版

はしがき

　本書は、学生の執筆によるマーケティング論の入門書としては恐らく日本史上2番目であろう。1番目は2007年、マーケティング論のゼミナールに所属する大学生自身によって執筆し、大学テキストとして編集し、実際に大学の講義や企業研修で使用してきた初版である。今回は、12年ぶりの【改訂版】となる。

　この執筆自身が1年間をかけた学生みずからの研究課題であり、指導教官である小生が指導点検し、編集したのは、10年前と変わらない。

　したがって、論述や体系化について、研究者や教員にない独自性や新たな発見があるとすれば、それは本書を執筆した学生の業績であり、研究の成果である。また、本書にいたらない点があるとすれば、指導教官である小生の責任である。とにかくわかりやすく、読みやすく、持ち運びやすく、買い求めやすくという点を重視して指導し、106ページになった。

　学生の執筆担当箇所について、初版と同様、大項目の概要の執筆と個別項目の執筆とが重複する部部分もあるが、それぞれ異なる学生の執筆であり、それぞれに独自の考察であるため、それを尊重し、割愛することはしなかった点を、読者にご了解頂きたい。第8章の後半は、片上自身の執筆であり、2014年に三学出版から出版された編著書であるが、最近、特に重要性を増しているテーマなので、これからのタウンマネジメントには不可欠のものとして再度掲載している。

　なお初版の時も出版自身が執筆した学生に対する教育であり、企画力、表現力、理解力を高める上で重要である点に賛同していただき、企業としての採算を超えてお力添え頂いたのが、三学出版と故中桐信胤同社編集長であったが、またぞろ同様に、遺志を継がれた中桐和弥編集長のご厚意に甘える結果となった。一言謝意を表したい。

　願わくば、さらに前進的な試みを多くの学生に期待し、またこれからマーケティング論を学ぶ学生には、先輩の手による本書の活用を期待するものである。

編著者しるす

目　次

はしがき　　　iii

第1章　業務的マーケティングプロセス　……………… 1

第2章　マーケティングの歴史　………………………12

第3章　戦略的マーケティング・プロセス　…………19

第4章　製品戦略　………………………………………27

第5章　価格戦略　………………………………………39

第6章　プロモーション戦略　…………………………52

第7章　マーケティング・チャネル戦略　……………64

第8章　タウンマネジメント戦略
　　　　（商業集積型市街地活性化戦略）……………70

第9章　E-マーケティング　……………………………77

第10章　小売業マーケティング　………………………84

索引　　96

第1章　業務的マーケティングプロセス

【設問1】マーケティングとは何か？
【設問2】マーケティングと商業、販売の概念の相違を説明せよ。
【設問3】マーケティングの諸機能について、説明せよ。
【設問4】ビジネスプロセスのうち、マーケティングとフルフィルメントとの相違について説明せよ。

第1節　マーケティング・流通・商業・販売

　ここでは、紛らわしい標記の用語の相違について説明する。
　マーケティングとは、企業などの組織が行うあらゆる活動のうち、「顧客が真に求める商品やサービスを作り、その情報を届け、顧客がその価値を効果に得られるようにする」ことを示す概念である[1]。また顧客のニーズを解明し、顧客価値を出すための経営哲学、戦略、仕組み、プロセスを指す。
　流通とは、生産段階から最終消費段階（消費財の場合）もしくは最終使用段階（産業材の場合）にいたる財貨またはサービスの流れそのもの、あるいは流れを推進する社会的経済機能により流れを推進するための事業活動の遂行をいい、配給とほぼ同義である。
　商業とは、財やサービスなどの商品を所有している人または存在している場所と、必要としている人・場所を結びつけることにより利益を得る産業または経済活動である。多くは貨幣の媒体を経て市場や個人の店舗において取引（商

---
[1] 日本マーケティング協会（2014年）
　　（https://www.jma2-jp.org/jma/aboutjma/jmaorganization）

取引）という形式をとって行われる。ただし、貨幣や市場などを媒体しないケースを含める場合には「交換」と呼ぶこともある。また、「商業的」という場合、「営利を目的として」という意味になる（例：商業的生産）。産業の類にも含まれるものの、第一次産業と第二次産業とは大きく異なり、いわゆるサービス業に近い一面を持っている。

　販売とは、商品を顧客に売る（所有権を移転する）行為を指す。販売を主たる事業として行っている業態を販売業と呼び、販売を行う業者を販売業者と呼ぶ。

第 2 節　マーケティングとその役割

　マーケティングとは簡単にいうと買わせる『作戦』または『研究』ということである。「どうすれば商品が売れるか」とか「お客にどうすれば買ってもらえるか」という作戦を考え、それを実行し成功させる事が最大の目標なのである。

　スポーツなど、たとえばプロ野球などでも作戦は当たり前に使われていて、「どうすれば勝てるのか」とか「ここでこうすれば、点が取れる」など、監督やコーチは試合中作戦を考えている訳である。だから作戦をよく考え、実行する必要がある。マーケティングも同じで、成功させるためにはいろいろな作戦を練り、実行しなければ成功につながらない。だから取引先には今や欠かせない作戦なのである。

　≪マーケティングの必要性≫

　売れるためには多くの人に欲しいと思ってもらうことが重要であり、市場のニーズを理解することが求められる[2]。

　半世紀前は高度成長期であって、様々な追い風が吹いていた。「作れば売れる」・「品質が良ければ売れる」といわれた頃は、あまりマーケティングを行う

---

[2] http://www.nexway.co.jp/faxdm/trivia/ マーケティングの必要性とメールマーケティングとは（2019 年 2 月 26 日現在）

必要性がなかった。

　現在は、インターネットが普及して、様々なモノがあふれている。様々なものがあふれているからこそ昔以上にマーケティングの必要性がある。

　例として、コンビニエンスストアvsスーパーマーケットにおける価格についてあげてみよう。

- コンビニエンスストアで缶ジュースは120円

　　ペットボトルジュースは150円

- スーパーマーケットで缶ジュースは80円

　　ペットボトルジュースは100円

読者は同じジュースを買うならどっちを買うだろうか？

これによって企業の買わせる戦略の手法の違いが出てきている。

第3節　ビジネスプロセスとは

【ビジネスプロセスの分類】

　ビジネスプロセスとは、モノや情報からなる入力に対して、資源（モノ・情報・知識）を利用して価値を付加して、モノや情報からなる出力を生成する活動のことである。また、ビジネスアナリシス[3]やBPM：Business Process Managementにおいては、下記のような多様な種類のビジネスプロセスを改革・改善しなければならない。ビジネスプロセスは、製品に対する作用の面からの分類として、マーケティングプロセス、フルフィルメントプロセス、技術関連プロセスからなる。

　また、ビジネスプロセスの構造面からの分類として、定型的プロセス（実行するプロセスの順序が決まっており、個人の判断が入る余地があまりない）と非定型的プロセス（実行するプロセスの順序も決まっておらず、個人の判断が必要とされる）に分けることができる。他に、構造化／半構造化／非構造化と

---

3)　ビジネスアナリシスとは、ビジネスに関する問題を解決に導く活動、またはそれを行う人材のこと

いった分類もある。また、人間系プロセス（IT 化がされていないプロセス）、IT 系プロセス（アプリケーションソフトウェアによって自動化されたプロセス）に分けることができる。作業プロセス（決められた作業を実施するもの）と意思決定系プロセス（何らかの意思決定を行うもの）という分類もある。また、実行系プロセス（それ自体が独立して意味のあるアウトプットを生み出すもの）と支援プロセス（実行系プロセスを支援するもの、Enable プロセスともいう）に分ける分類もある。PDCA：計画（Plan）、実行（Do）、測定（Check）、是正（Action）のいずれかに属するプロセス、同様に PDCA のプロセスとして、戦略（全戦略や経営機能別戦略を立案）、戦略計画（戦術）（まだ曖昧な戦略をより具体的な戦略計画にブレークダウン、実行時の調整）、計画管理（戦略計画を遂行するための計画と是正）、業務実行（計画の実施計画を立案、実行、是正）のいずれかに属するプロセスとして分類することもできる。また、定常的に行われるプロセス、あるいはプロジェクトとして一時的に行われるプロセスに分類できる。各プロセスを効率化するため、WBS：Work Breakdown Structure（作業分解構成）を描いて分析する場合がある。

【ビジネスプロセスの特徴】

ビジネスプロセスには、次の 4 つの特徴がある。

① 順序関係がある
② 階層構造を持つ
③ モデリングする場合にメタモデル（記述要素）が必要となる
④ 様々なプロセスの種類がある

参考：http://process-design-eng.com/contents/general/post-6.html
　　　（2019 年 2 月 18 日確認）

第 4 節　マーケティングプロセスとフルフィルメントプロセス

1. マーケティングの諸機能

日本マーケティング協会（2014 年）は、「マーケティングとは、企業および

他の組織がグローバルな視野に立ち、顧客との相互理解を得ながら、公正な競争を通じて行う市場創造のための総合的活動である[4]」と定義している。この表現だと理解が難しいとは思うが、簡単にいうと、儲け続ける仕組みを作り、自分の会社と顧客が満足できるような関係を永く築く仕組みといえる。

今の時代、インターネットの活用が当たり前になった。つまり、顧客はインターネットを使い、類似品との比較、価格の比較、デザインの比較、口コミの比較などが瞬時に行うことができる。そのため、ただ良い物を作るだけでは売れなくなってしまう時代である。そこでマーケティングが重要となってくる。マーケティングを行うことによって、他社との差別化によって、競合に対して有利になるため、マーケティングの活用は、現代では一層必要になってきている。

企業が日常的に業務として行うものを、業務的マーケティング（Operational Marketing）というが、マーケティングを流通の経済的動きに照らして分類すれば、市場把握、商品調整、プロモーション、取引、物流の5つの活動に大別できる。このうち取引、物流はフルフィルメント（Fulfillment：充足）機能である[5]。マーケティング機能を主としてアサヒ・スーパードライの販売に例を取りながら検討してみることとしたい。

業務的マーケティングには、市場把握、商品調整、セールスプロモーション政策、マーケティングチャネル政策、マーケティングマネジメントのプロセスがあり、これらがマーケティング機能である[6]。

(1) 市場把握

市場把握とは、消費欲求や競合商品の動向など、市場事情を明らかにする活動をいう。『実践経営講座』は次のように述べている[7]。

---

4) 日本マーケティング協会（2014年）
   (https://www.jma2-jp.org/jma/aboutjma/jmaorganization)
5) 片上 洋編著『マーケティング戦略の新展開』三学出版、2001年、p.5。
6) 同上書、P6。
7) http://keieiouen.com/04/0405.html（2019年2月26日現在）

「顧客志向マーケティングでは顧客が提供する商品・サービスにどれだけ満足していただけるかが課題となります。これを、顧客満足と呼びます。顧客満足を達成するには『顧客は何に満足するのか』を知る必要があります。顧客の満足する基準を知る事により、始めてマーケティング戦略の構想が練られます。すなわち、市場（顧客）を把握するためのマーケティングリサーチ（市場調査）はマーケティング活動の出発点であり、重要な使命を担う活動となります。」

現代マーケティングのコンセプトは消費者志向・顧客志向・顧客満足（Customer Satisfaction：CS）である。このため、消費者自身とその欲求を知ることは最も重要なことである。つまり市場把握はマーケティング諸活動の出発点といえる。

市場把握はマーケティングリサーチ（marketing research）によって行われ、その調査内容は、消費者のライフサイクルや願望、所得や環境、景気の動向や流行などで、その目的は、消費者の傾向や見通しを把握し需要を調節すること。さらには将来のための市場機会を分析したりする。

マーケティングリサーチは具体的には、マーケットリサーチ（market research）が中心で、直接的に顧客や消費者を調査対象とし具体的な商品種類の性能やスタイルなどのイメージを調査、統計的に分析するものである。

市場把握を行うための情報源には"一次データ"と"二次データ"があり、市場調査によって得られたデータが"一次データ"、すでに存在するデータを"二次データ"という。一次データにはコンビニなどで売り行きなどのデータを収集する「POSデータ」などがある[8]。

(2) 商品調整

商品調整とは、市場事情に合った商品の企画を立て、価格を決定する活動をいう。ドライビールの人気の秘密の一つは、「食べる料理の味を損なわない」ところといわれているが、市場把握により若手技術者によって作成された計画書は経営会議で二度も否決されたのち、ようやく試作が許可されたといわれる。

---

8) 片上 洋編著『マーケティング戦略の新展開』三学出版、2001年、p.8。

新商品を市場に投入しようとするとき、市場事情と生産技術が重要な要素になるが、この場合は市場事情が問題とされたのである。

(3) セールスプロモーション政策

　生産または仕入の行われた商品の情報を消費者に提供して、需要を喚起する活動をいう。広告、販売促進（狭義のセールスプロモーション）、パブリシティとPR、販売活動が主な手段であるが、これらは商品の種類、消費欲求の性格、競争事情などに応じて総合的に行わなければならない。

　アサヒビールの場合広告に重点をおいた活動を行い、これが業績回復、シェア第2位への浮上に大きな力となったといわれている。従来は、営業利益を基準として広告費予算を立ててきたが、1987年は売上高、営業利益ともに対前年比30％増であるにもかかわらず、ビール広告費は100％の増加であったといわれている。ビール業界ではそれまでも、多様化するニーズに合わせた新商品を種々開発してきたが、それらがヒットせずに姿を消し、あるいは細々と生産が続けられてきたに過ぎない。アサヒビールは十分な市場把握と商品調整によって、ヒット商品を開発するのに成功した事例である。

　① 人的販売

　営業担当者や販売員による、顧客に対する直接的な営業販売活動で、顧客とのコミュニケーション手法の1つである。実際のマーケティングの現場では、広告とセールスプロモーションを狭義のマーケティングコミュニケーション戦略、人的販売を販売戦略とし、分けて考えることが多い。顧客とのコミュニケーション手段は、1.人的販売、2.販売促進、3.広告、4.パブリシティ、5.口コミの5つに大別され、営業担当者などによる人的販売は大変コストがかかるコミュニケーション手段だが顧客を最終的な購入に向かわれる手段としては最も有効といえる。

　② 販売促進

　売り手が消費者の購買意欲を刺激して商品を購入させるために行う一連の活動のことをいう。セールスプロモーションといわれ、あるいは販促（SP）と

略していわれることもある。一般的には消費者に対するキャンペーンや広告だけを指すことがあるが、ビジネスの上では店頭の販売員育成なども含まれる。

③　広告

事業体が自己の商品に対する選択的需要を喚起し、または事業体に対する認知や信頼を獲得するために、事業体にとって効果的な情報を消費者・顧客に伝達する活動である。これにはTVCMや雑誌の見開きなどがある。

④　パブリシティ

パブリスティはしばしば広告と混同されるが、本来全く別物である。広告は企業が負担して情報を流すが、パブリシティはその企業や製品についてテレビや新聞、雑誌などのメディアがニュースや記事として取り上げることで、情報が流れる。

⑤　口コミ

消費者は企業からの一方的な情報提供よりも、親しい人からの情報のほうが信頼できることから、口コミは消費者の購買行動に強い影響を与えやすい。特に高額の商品・サービスや無形の商品・サービスの場合、口コミが大きな威力を持つ傾向がある。口コミによって肯定的な情報が伝えられれば、企業はコストをかけずに新規顧客の獲得が可能になる。肯定的な口コミを広めるためには、顧客との関係を深め、ロイヤルティ（顧客のブランドに対する忠実性）を醸成していくことが重要である。

一方で、気を付けなければならないのは、悪い情報は良い情報よりも伝播するということである。「あのレストランは対応が悪い」とか「料理にゴミが入っていた」などの情報はあっという間に広まり、顧客が急速に離れ、業績に深刻な影響をもたらすことにもなる。昨今ではインターネットの普及により、口コミはその重要性を増やしている[9]。インターネットでは情報の伝播が速く、広範囲に及ぶため、企業は特に注意を要する。

---

9) プロモーション政策の手段としては、人的販売、販売促進（販促）、広告、パブリシティ、口コミ以外に、PR（Public Relations）などがある（第6章参照）

(4) マーケティングチャネル政策

マーケティングチャネルとは、メーカーの製造した製品やサービスを最終消費者が利用できるようにするために選択する中間業者の組み合わせのことをいう。中間業者とは簡単にいうと卸売業者や小売業者のことである。

メーカーがチャネル戦略を考える場合、市場特性や製品特性、競合企業の選択しているマーケティングチャネルなどを前提条件に、自らのマーケティングチャネルを選定する。チャネル戦略の選択肢は、チャネルの開放度や長さ（消費者までの中間にどれだけの数の業者が入るか）から、「開放的チャネル政策」「選択的（限定的）チャネル政策」「専売的（排他的）チャネル政策」「ダイレクト販売」の4つに大きく分けられる。

「開放的チャネル政策」は、取引を望む販売先ならばどこにでも製品を流すという戦略で、消費者が製品に触れる機会を増やし、売上げを伸ばそうとする戦略である。洗剤やトイレタリー商品などでよく見られる。この政策の欠点は、販売先を統制できないこと、取引が小口になることなどである。

「選択的チャネル政策」は、あらかじめ一定の資格条件（販売力、信用度、経営方針など）を定め、条件に合致した販売先のみに製品を流す戦略で、家電製品や医薬品の業界で多く見られる政策である。指導が徹底された販売先から消費者が商品を買うことで、消費者がサービスや満足を得られやすい状況が作れる。ただし、販売先は競合商品を取り扱うことができるので、統制は完全ではない。

次の「専売的チャネル政策」は、特定の地域内で、1つの販売先のみ限定して、その販売先とのみ取引する政策である。これは、専属代理店政策や特約販売政策とも呼ばれている。自動車業界、石油業界、コンビニエンスストアやファーストフードチェーンもこの政策の範疇に入る。この政策のねらいは、販売先を限定することで、独自性、希少性、差別性などのイメージを付加することである。その結果として、売上げを増大し、固定客をつくることが目標である。短所としては、消費者に対して十分な品揃えが提供できない場合があるということである。

以上のような様々なチャネルの中からメーカーは、販売チャネルを決定していく。売上げを最大にすること、利益を最大にすることなど状況によって目的や目標は異なるかもしれない。状況に応じたチャネル戦略を選定していくことが重要となる[10]。

(5) マーケティングマネジメント

生産資源と需要とを適合させるのに必要な諸活動に関するトータルマネジメントの一面であり、マーケティング目標達成のため計画的諸活動の管理に関係するもので、その機能として計画機能、組織機能、調整機能、ならびに統制機能がある。販売業者より製造業のマーケティング活動に関連していわれることが多い。

企業が大きなマーケティングの成果を挙げるために、より効果的かつ効率的なマーケティングを行っていくということ、およびマーケティングマネジメントを運営維持していくための仕組みのこと。これはマーケティングを行っていく上での計画や予算、マーケティングを行っていく上での情報システム、マーケティングを行っていく上でそれを実行する従業員や組織や仕組みや評価といった事柄から成り立っており、これらの事柄の効率的な運営や管理を行っていくことから企業は業績を伸ばしていくということである。

業務的マーケティング・プロセス

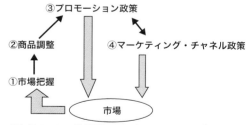

図表1-1　業務的マーケティングプロセス
出所：新潟経営大学マーケティングⅠのPPT（2018年度）

---

10) https://www.sec.jp/column/keieikaizen/kk_06.php （2019年2月26日現在）

2. フルフィルメントプロセス

フルフィルメントプロセス((Fulfillment Process：充足過程)とは、マーケティングプロセス(Marketing Process：市場創造過程)ではなく、充足過程であり、顧客の要求に応えることである。

従来、受注、出荷、配送、請求、決済という業務は、フルフィルメントという概念においては、これらの業務を総合的に管理し、単一のシステムとして運用することが重要とされている。

フルフィルメントプロセスを商品の流通という視点から捉えたとき、それを事業として行うものは商業である。商業は、生産者が生産した物を仕入れ、それを消費者に販売する活動をいう。流通業とも呼ばれ、生産者に代って消費者に商品を販売することを業務としている。商業者は再販売のために購入(仕入)し、販売と購入の両面の活動をして生産者と消費者を媒介している[11]。

参考：http://www.netsuite.co.jp/resource/glossary/fullfillment.shtml

(2019年3月卒業　高山 哉樹)

(2019年度4年生　平野 詩織)

---

11) 片上 洋編著『マーケティング戦略の新展開』三学出版、2001年、pp.19～20。

第2章　マーケティングの歴史

【設問】マーケティング生成の契機を述べ、マーケティングの意義を説明せよ。

　一般的な定義によるとマーケティングとは生産者から商品・サービス[12]を消費者[13]や顧客に対して流通させる事業活動の遂行であるとされている。これに対し商業とは、生産者から消費者に商品・サービスを流通させる企業の経営活動の遂行であるとされている[14]。

　マーケティングと商業とは、発生のきっかけ、登場した時代や歴史的背景、活動主体が異なっており、活動主体の視点で据えた概念や活動における具体的手順も異なる。しかし、それらの相違を切り捨て、商品およびサービスを顧客・消費者に流通させるという役割だけで両者を据えた場合、まったく同じ定義になってしまう。マーケティング「現象」に、明確な時間的限定と事業としての固有性がみえてこない[15]。

　紀元前4200年から描かれ始めた「槍で熊から身を守る6つの方法」と題さ

---

12) 商品とは、売買の対象としての有形の財とサービス。また、サービスとは、役立ちや機能が商品であるもの。
13) 消費者とは、商品やサービスを利用し、生活に役立てる人。
14) 西村林・石井栄一共著『現代商学概論』、1983年、税務経理協会、p.7。
片上洋編著『マーケティング戦略の新展開』、2001年、三学出版、p.23。
なお現在の日本マーケティング協会の定義によれば、少し具体的になり、マーケティングとは、「企業および他の組織がグローバルな視野に立ち、顧客との相互理解を得ながら、公正な競争を通じて行う市場創造のための総合的活動である」とされている。
(https://www.jma2-jp.org/jma/aboutjma/jmaorganization　2019年2月22日現在)
15) 何時、如何なる事業として現れるのがマーケティングであり商業とは異なるという固有性がない。

れた壁画があった。その壁画は、熊と出会う時、槍で自分を守る重要性が体現されたものだ。それは槍の販売を促進する目的で作成された壁画である[16]。

15世紀後半から、活版印刷技術が発明された。その時期から、印刷物の広告が登場した。看板広告などが出て来た。最初のマーケティングの大部分は広告だった。しかし時代が進むに伴って、マーケティングは豊かになった[17]。以下に、マーケティングやその知識が成立した歴史的背景を述べる。

第1節　マーケティングの生成

19世紀末から20世紀初めまではマーケティングの初期段階だった。その段階は、産業革命が起こったことによって、資本主義世界の経済が急速に発展して、需要が大きくなった。その時、需要は供給より高かった。

産業革命によって機械で大量に商品生産が行われ、その結果過剰生産が発生した。資本主義経済独特の「過剰生産」がもたらす経済恐慌は、すでに19世紀前半からイギリス・フランス・アメリカなどの諸国で発生した。企業間競争において生産過剰のよる不況が起こり、弱小企業が淘汰される一方、大企業は市場を支配して自由競争を制限し、資本の集積と集中によって独占・寡占状態となり、独占資本が形成されるようになった。市場の独占・寡占化は、労働者と資本家との間の貧富の差を拡大させ、経済を混乱させてきた[18]。

1873年のヨーロッパと北アメリカで不況を生じさせた金融危機をきっかけとして、アメリカでは企業合同が進み、少数企業が市場を支配している状態(寡占)になり、寡占的競争の時代になった。また、大量生産と市場の限界によっ

---

[16]　https://contentmarketinglab.jp/content-marketing/history.html　（2019年3月1日現在）
[17]　印刷技術の発達による印刷広告の登場は、プロモーションの発達をもたらしたが、それがそのまま「マーケティング」の発達か？という誤解も生じるかもしれないが、特定の時代の「必然性」に対して、それ以前から存在した可能性や個別事例を糸口として、解決手法を発見させ、社会的趨勢としてマーケティングが登場したといえる。その必然性の現出が下記に述べられる（編者）。
[18]　http://www.fillmore.jp/mostview/2013/02/01/1775/　（2019年3月1日現在）

て、企業間の競争は激化した。

　1870年代より、製造業ブランドと全国的広告、製造企業セールスマン、製造業による販売計画や目標分析、販売演出の統一、販売員の教育訓練、広告代理業者による市場調査・市場分析など、多くのマーケティング活動が起こり始めた。

　1880年代以降は、消費財製造企業による商業の排除、全国的支店網の設立など流通チャネル（マーケティングチャネル）政策を遂行するようになり、1900年頃には、製品差別化の工夫やブランドイメージを演出するための包装が重視されるようになった。大量生産のための大量消費を必要とし、自社製品の販売にのみ努力と資源を投入する独自のマーケティングチャネルを打ち立てた。

　しかし、1929年から1933年頃まで、資本主義世界は経済危機を爆発させた。経済は大不況に陥った。社会の購買力が急激に低下した。危機は大きい影響を与えた。資本主義諸国の工業生産総額は41%も低下した。また貿易総額は66%低下した。その頃から、マーケティングは世界的に重視された。

　第二次世界大戦が終わった後、各国の経済は回復した。そして、経済は戦時経済から民間経済に転化した。戦時の物不足から再び過剰生産となった。

　そこで、消費者・顧客の欲求を自社製品に対する選択的欲求に変化させなければならなくなり、競合製品から自社製品を差別化して製造元、諸機能や性能、品質・品位をシンボル的に表現しうる製造業ブランドをしっかりと打ち立てる必要があった。自社製品の宣伝、それに対する反応の把握、市場把握、需要に適応した新製品も必要であった。この時代には、はじめて生産者から顧客・消費者への商品流通が製造業企業の管理のもとにおかれるという前提が発見された。このように、マーケティングは市場を拡大しようとする製造企業の経営戦略として登場したのである。

　マーケティングは、19世紀にアメリカで生まれた。生成地はアメリカである。従ってマーケティングという特別な表現も、もちろんその生成地はアメリカである。しかし、今日のマーケティングの表現がアメリカで生成された当時のニュ

アンスとは大きな開きがあるというのが事実である。生成期のマーケティングという表現の意味はアメリカ経済の移り変わりと共に今日では全く違ったものに大きく変容している[19]。

東欧の変化、EUの成立、北米自由貿易区の現れと東南アジアの金融危機などの出来事は人々に重要な事実を示した。それは、市場はもう自国の市場ではないということである。グローバル化に伴って、市場もグローバル化から深い影響を受けた。グローバル化とマーケティングは深い関係がある。私たちはグローバル化を断ることができない。したがって、マーケティングは重要になった。

第2節　マーケティング論の歴史

マーケティング「論」の形成史は、「発見の時代」を1900年～1910年とするのが通説とされている。19世紀末から20世紀初頭、合衆国の企業大合同運動による産業の寡占段階への変化、大量生産が発達し、市場は狭隘化して、需要の創造が強く要請され、自社製品の優先的な販売のためマーケティングが不可欠になっている。寡占的諸企業の市場シェア拡大競争の目的は管理価格を確立することにある。

寡占的競争では市場シェアに対する規制に抵触しないよう、競合するほかの寡占的な諸企業を存続させておく必要がある。しかし市場が狭隘化しているので、自由競争段階以上に激しい競争が展開される。寡占的諸企業は、小売り段階にまで自社製品の価格管理を徹底させ、価格競争による損失を互いに回避してきた。管理価格とは、諸企業の主導で管理された価格であり、管理価格の内容は、生産＋「適正」利潤である。

当初は価格カルテルが各国で禁止され、プライスリーダーシップが行われていた。暗黙の協定として、プライスリーダーシップが慣行的に行われている。プライスリーダーシップとは、価格決定の主導権を握った企業（プライスリー

---

19) 片上洋編著『マーケティング戦略の新展開』、2001年、三学出版、pp.23～31。

ダーが価格決定を先導し、他の企業が競争状態にある同種製品の価格を価格先導者（プライスリーダー）の製品価格の水準に合わせる暗黙の協定である。プライスリーダーシップのメカニズムが有効に機能するためには、安売り製品に需要が流れないだけの市場競争力が必要である。製品の価格と比較して優れた品質[20]であるという顧客・消費者の評価から製品開発、製品差別化、ブランド形成、全国的広告が必要になってくる。

マーケティング論の形成は1910年代が「概念化の時代」、1920年代が「総合の時代」とよばれ、「概念化の時代」にはマーケティング問題の研究がされていた。「総合の時代」では、コンセプトとして大量生産された自社製品を顧客・消費者に一方的に売り込む「プロダクトアウト」があった。この時のスタンスは「高圧的マーケティング」とされていた。

1929年は世界大恐慌と30年代前半不況による有効需要の低下とコンシューマーリズムが起き、1930年代以降のマーケティングはコンセプトとスタンスが変わり、コンセプトは売れるものを生産する「マーケットイン」、スタンスは「低圧的マーケティング」となった。コンシューマーリズムとは消費者主権主義のことで、欠陥商品・不当表示・不当値上げなどに対抗して消費者が自らの利益擁護のために行う運動である。1930年代は「発展の時代」とよばれ、個別経済的・企業的視点が優勢となった。1940年代は「再評価の時代」とよばれ、戦時体制・マーケティング管理時代となり、戦後の1950年代は「再概念の時代」とよばれ、マネジアルマーケティングの時代が始まった。マネジリアルマーケティングとは、顧客・消費者の欲求充足を通じて企業利潤を獲得するための、統合的な管理活動である[21]。

第3節　日本におけるマーケティング

マーケティング概念の創成期から約50年が経過すると第二次世界大戦後に

---

20) 商品の機能・性能に対する消費者・顧客の評価
21) 同上書、pp.31～35。

第 2 章　マーケティングの歴史　17

大量生産、大量販売に加えてテレビを中心としたマスメディアが発達し、アメリカのマーケティングは現代の体系と変わらぬ「マスマーケティング」へと進化した。この頃、日本にマーケティングという概念が導入された。戦後の復興が目覚しく進展し、「もはや戦後ではない（第 1 回経済白書）」と言われた 1956 年頃から日本の当時の経営陣もアメリカを視察しマーケティングの重要性を学んできた。マーケティングの発展はどの国でもマーケティングリサーチ機関の設立から始まる。この頃には、多くの民間のマーケティングリサーチ機関が設立される。日本マーケティング研究所もそのひとつだった。ここから日本のマーケティングの定着とローカル化が進む。

　啓蒙期(1955 〜 64 年)には、多くの企業がマーケティングの導入に意欲的で講座やセミナーが活発になされ、市場調査や製品開発、流通系列化への関心が高まり、高度成長期には発展期（1965 〜 73 年）を迎える。マーケットセグメンテーション、ブランドプロモーション、販売促進、差別的商品開発、流通革命への対応、統合的マーケティングへの関心が高まり、日本でもマスマーケティングの基本が確立された。しかし明らかに大量生産の復活・発展とそれに対応する大量販売の必要性という問題がはっきりとあらわれ、それを解決するために導入されたのは、企業主体的な顧客・消費者志向のマネジリアルマーケティングであった。この企業努力が戦後の復興と持続的な経済成長を可能にした要因の一つである。

　70 年代には、ライフスタイル研究やエリアマーケティング[22]、新チャネル設計、80 年代には商品多様化、業態開発、CI：Corporate Identity などへの関心が高まり、90 年代には CS：Customer Satisfaction（顧客満足）、品種数削減とブランドロングセラー、広域営業体制、2000 年以降は、インターネットの普及に伴うインターネットマーケティング[23]、カテゴリーマネジメント[24]、寡占

---

22)　第 10 章で説明している。
23)　第 9 章で説明している。
24)　小売業が商品分野（カテゴリー）を設定し、管理すること。またカテゴリー：category は、「結婚式カテゴリー」など使用場面に応じた商品分類を行う場合にも使用される。第 10 章の分野である。

化への対応などが焦点となっている。

　今日、マーケティングは著しい発達を示している。それは、資本主義社会における経済と企業の歴史的展開の結果として生成されたものであり、企業の規模拡大、市場問題の深刻化と、競争の激化に連れて発展してきたものである[25]。

(2019 年 3 月卒業　加藤　愛永)

(2019 年 3 月卒業　森田　瑛駿)

(2019 年 4 月 4 年生　徐　思懿)

---

25)　片上洋編著、『学生の学生による学生のためのマーケティング(初版)』2007 年、三学出版、pp.11 〜 12。

第3章　戦略的マーケティングプロセス

【設問1】マクロ環境とは何か説明せよ。
【設問2】企業成長戦略の3つの視点とは何か、それぞれを説明せよ。
【設問3】企業ポートフォリオ計画について説明せよ。
【設問4】戦略的マーケティングプロセスについて説明せよ。
【設問5】プロダクトマネジメントプロセスとは何か説明せよ。
【設問6】市場プロファイル分析について説明せよ。
【設問7】マーケットセグメンテーションとは何か、説明せよ。

第1節　マクロ環境とマーケティングシステム

　企業は、自社の本当の強みを武器にして革新を図っていく必要がある。そのためにはまず自社の本当の顧客は誰なのか探し出す必要がある。その中で、本当の顧客はどんな理由で自社を選んでくれているのだろうか。自社を選択することで、顧客は何かしらのメリットあるいはベネフィット（benefit：消費者利益）を得られるからこそ発注しているはずである。そしてその価値を生み出すことができている自社のノウハウや能力は何なのかを見つけ出し、その価値を生み出している自社の力は何だろう。製品開発能力やマーケティング力、生産設備の稼働体制、あるいは特許やブランドなどいろいろなものが考えられる。顧客に支持されて自社の本当の強み、能力を見つけるには、企業にとっての機会を生み出したり、企業に脅威を与えたりする大きな力となる環境を検討し、企業は自らの活動の場を形成する様々な環境要因を理解し、常に動向に目を配

り、企業の活動に影響するマクロ環境を検討する必要がある[26]。

　マーケティングシステムを構成する諸環境について、コトラーは、組織体内部環境、業務環境、競争環境、公衆環境、マクロ環境に分類している[27]。

　マクロ環境は、人口動態や自然環境、GDPや消費者物価指数、民間設備投資動向などにあわわれる経済的な要因、社会全体の価値観の変化や流行などにあらわれる社会的な要因など、制御不能の環境である。これらがどう変化してきたか、今後どう変化しそうか、そしてそれが事業にどのように影響を及ぼそうとしているかをしっかり検討する必要がある[28]。

第2節　企業成長戦略

【企業成長機会】

　企業成長戦略とは、企業の方向性を示すものである。企業成長戦略は集中的成長機会、統合的成長機会、多角的成長機会の3つの視点から検討され、事業領域、経営資源の影響を受けながら決定され、成長する機会をいう。

　統合的成長機会は、自社の事業に必要な原材料を供給し、あるいはサービスを供給している企業の役割を自社内に取り込んだり、あるいは自社製品を利用して別の製品を組みたてたり再販売することで利益を上げている企業の機能を自社に取り込んだりすることで、成長する機会を言う。

　多角的成長とは、その企業によって新しい市場に新しい製品を持って参入することで成長する機会をいう[29]。

【マーケティングミックス】

　マーケティングミックスとは、企業が標的市場でマーケティング目的を達

---

26)　片上洋編著『マーケティング戦略の新展開』2001年、三学出版、p.39。
27)　P. Kotler、Marketing Management：analysis planning, and control［Fourth Edition］、1980、フィリップ・コトラー著、村田昭治監修、小坂恕・疋田聡・三村優美子訳『マーケティング・マネジメント［第4版］』プレジデント社（1983）、pp.22～25。
28)　同書、pp.8～9参照。
29)　片上洋編著、前掲書、pp.41～46。

成するために用いるマーケティングツールの組み合わせである。これらのツールを4つのグループに分類し4Pという。

・product(製品)
・price（価格）
・place(流通)
・promotion(プロモーション)

　企業はこれらの4Pを効果的に組み合わせ、使いこなし、顧客満足を高めていく。大切なのは個々のツールをミックスさせて使うことで効果が高まるということである[30]。

　新製品開発とは、市場・顧客のニーズを汲み上げ、自社の強みである中核技術やサービスを活かして、市場・顧客のニーズに合致する独自の製品・サービスを創造し、提供することである。

【企業ポートフォリオ計画】
　ポートフォリオモデルとは戦略的マーケティングのプロセスの重要な1ステップであるポートフォリオ計画において目標や戦略を決め、効率的かつ効果的な経営資源の配分を行うために開発された手法である。ＳＢＵとは、商品およびサービスに対する外部市場を持ち、それに対し経営陣が他の事業分野とは独立に目的を決定し戦略を実行できる一つの事業分野である[31]。

　これについては、後述の別の節で述べる。

第3節　戦略的マネジメントプロセス

　企業の長期基本戦略、又は長期計画ともいわれ、経営環境の変化にいかに対応するかが重要な課題である。長期基本戦略において中核的事業として、置かれるのはマーケティングである。これにより長期経営計画は経営者主体的な消費者志向のマネジリアルマーケティングを重視し、市場への適合を意図した

---

30) https://marketing-campus.jp/lecture/noyan/037.html（2019年2月27日現在）など参照。
31) P. Kotler、前掲書、pp.46～51。

経営戦略となる。戦略的マネジメントプロセスは、企業理念、企業目的と目標、全体事業の成長戦略を維持する経営プロセスである[32]。

【市場機会分析】

市場機会とは、他社にない強みを発揮できる活動分野である。企業に潜在する能力が競争相手以上によくぴったり一致する、環境上優位となる分野である。マーケティング環境の分析には、企業の現在置かれている環境の分析・市場分析・顧客・消費者などから構成される。環境分析とは競争相手、サプライヤー、価格ばかりでなく、人口動態、経済環境、技術環境、法律などの制度的な環境を分析して、将来どのような機会もしくは脅威があるのかを明らかにすることである[33]。

購買行動分析とは主に5つの観点である。
① 場所と規模について
② 価値基準について
③ 情報収集方法について
④ 購買判断基準について
⑤ 代金支払者について

【市場プロファイル分析】[34]

どのセブメント市場に参入すべきかを選択するために、有望な市場を選択する基準項目や内容により代替的な市場対象に対する相対的な評価を行うプロセスである。

市場評価基準として下記の6項目がある。
① マーケティング・ポテンシャル：全体としての市場規模と市場成長率

---

32) P.Kotler、同書、p.29。
33) 片上洋編著、前掲書、p.57。
34) Glen L.Urban、John R.Hauser、Nikhilesh Dholakia、"Essentials of New Product Management"、1987、G．L．アーバン、J．R．ハウザー、N．ドラキア著（MITと略す）、林広茂、中島望、小川孔輔、山中正彦訳『プロダクト　マネジメント』プレジデント社(1989)、p.58、pp.88～92。

② 市場浸透：既存の商品が参入に対して抵抗があること。
③ 市場規模：当該企業が参入した場合のマーケットシェアと累積売上高。
④ 投資：参入に必要な投資額と人材・設備・研究資源
⑤ 収益性：投資収益性
⑥ リスク：需要の不安定性、原材料供給の不確定性、強力な支配企業競争者の参入可能性の規制が変化する危険性。

また市場プロファイル分析は4つのステップからなる
① 市場の選択基準とウエイトの決定：選択基準として採用する市場評価基準を考え、社内のコンセンサスを得る。評価項目をグルーピングし、重要度に応じてウエイトをつけて個別の項目に振り分ける。
② 各市場に対する選択基準ごとの評価：その企業の既存の平均的な市場と比較し、参入しようとする候補としての代替的な各市場を相対的に評価する。
③ 各市場にする評価値の加重平均の計算
④ 総合評価値の検討：評定値を合計し、それを補助資料として生産、マーケティング、財務、研究・開発部門の責任者が検討し、もっとも魅力的な市場を目指す。

【市場の定義】

市場プロファイル分析の結果により、企業にとって利益の見込める市場を選択した後、現在自社製品がターゲットとしている市場と参入を予定している新製品の市場との境界線を定めて、ターゲット市場の重複による自社製品間の競合・共食いを回避する必要がある[35]。

【市場細分化】

事業活動を行うにあたって、企業にとって投入できる経営資源には限りがあり、一方で、顧客は、欲求、購買力、居住地域、購買態度、購買慣習などの点で必ずしも同じではない。そこで、より効果的に事業活動を展開するために、

---

35) 同書、pp.97～105。

市場を選定し、そこに経営資源を投入することが求められる。Segmentation：市場細分化は地理的変数、人口統計学的変数、社会・心理的変数など、すべて考慮に入れて顧客タイプ・使用場面を細分化し、それぞれの特性に応じたきめ細かい商品政策によりマーケティングを行うことである[36]。

【マーケティングシステム構築と計画策定・実行・コントロール】

マーケティングシステムの構築とは、マーケティング戦略組織、情報システム、プランニング・システム、コントロール・システムを作り、事業部にマーケティング担当重役、営業部門、市場調査、販売促進、顧客サービス、マーケティング・プランニングの専門担当者を置くことである。

情報システムとは、顧客・消費者からの問い合わせや注文を処理して、マーケティングの情報の情報を収集し、市場規模や自社の販売予測を行い、顧客・消費者への調査を行い、売上・損益実績の分析を行うシステムである。

（2019年3月卒業　島岡勇弥）

（2019年4月4年　隋 寧）

第4節　企業ポートフォリオ計画

ポートフォリオとは、見開き絵本、転じて見開き書類挟み、さらに転じてその書類挟みに入れて営業マンが携行していた資産表をいうようになった。

企業ポートフォリオはさらに転じて、資産表に記載されたさまざまな投資対象（事業分野）に投入された企業資金を意味するようになった。また事業ポートフォリオ（Product Portfolio：製品・市場ポートフォリオ）は、企業グループが経営資源を投入している各種事業分野、戦略的事業単位（SBU：Strategic Business Unit）の集合を意味している。

以上のようなSBUに対して、最も効果的に経営諸資源（人・物・土地・資金・ソフトなど）を配分するため、分析可能な形に分類し、一目でわかるよう知覚的に表現しなければならない。

36）同書、p.105。

コトラーは、ボストンコンサルティンググループ：BCG が開発した事業ポートフォリオについて、すべての SBU を成長率／シェアマトリックスの上に分類・配分する方法を紹介している[37]〔図 3-1〕。

	市場のシェア	
	高い（X1.5 以上）	低い（X1 未満）
市場成長率が高い	花形：スター	問題児：クエスチョンマーク
市場成長率が低い	金のなる木：キャッシュカウ	負け犬：ドッグ

図 3 - 1　成長率／シェアマトリックス

縦軸は、SBU が属する各市場の市場成長率（年率）を示している。高成長率と低成長率との区分の基準を便宜的に 10％としている。

横軸は、同一産業内で最大の競合企業のシェアに対する自社 SBU シェアの比率（相対的マーケットシェア）を示している。相対的マーケットシェアは対数目盛りで表示されている。

各円は各 SBU の成長率、シェア上の位置を示し、円の面積は各 SBU の売上高の大きさに比例している。

4 つに区分された各部位は、キャッシュ・フロー面から次のように分類命名されている。

・花形製品（Stars）—高成長率、高シェア SBU。
・金のなる木（Cash Cow）—低成長率、高シェア SBU。
・問題児（Question Marks）—高成長市場、低シェア SBU。
・負け犬（Dogs）—低成長率、低シェア SBU。

高シェア SBU は資金創出能力（収入を得る能力）が大きい。また市場成長率が高いほど、SBU は成長とシェア維持のため資金需要（支出）が大きくなる。市場成長率が高い場合は新規の顧客を獲得することによって相対的シェアを拡大し、首位を入れ替えることさえ容易である。このため競争が激化し、マーケ

[37]　P.Kotler、同書、pp.47 〜 51。

ティング諸活動に多くの支出を要することになる。

　時間の経過とともにSBUは事業ポートフォリオ・マトリックスにおける位置を変えていく。したがって経営者は、各SBUが将来どこへ移行するかを予測して将来のマトリックスを作成するべきである。

　マネジメントにとって次の戦略プランニング上の課題は、経営諸資源の効率的配分の観点から各SBUに与える役割を決めることである。コトラーは四つの基本的戦略を挙げている。

・育成－短期的利益を犠牲にしても、市場における地位向上を図る戦略。
・保持－現在の市場地位を維持・確保しようとする戦略。
・収穫－長期的な観点は無視して短期的利益の増大を図る戦略。
・撤退－その事業を売却または整理する戦略。

　以上のように、戦略的マネジメント・プロセスによる長期基本戦略策定の具体化である製品・市場ポートフォリオ計画においては、各事業分野の市場成長率、競合企業との相対的シェア、売上高を評価の基準として、企業にとってより健全な戦略的事業単位の維持や放出、マーケティング・エフォートの配分が決定される。

　たとえばPCメーカーA社はB社からPC事業部門を買い取り、B社はタブレットの事業部門を拡大した。鉄道・百貨店・歌劇団・球団などの事業部門をグループ内に持つHグループは、不人気の遊園地を売却処分する一方で人気の歌劇団の事業を拡大し、球団を他社に売却する一方で、ファンの多い球団・球場を、Hグループと類似の事業を行っていた企業グループごと吸収した。

（編者）

第4章　製品戦略

【設問1】　製品差別化戦略とその役割について説明せよ
【設問2】　計画的陳腐化の3つの形態を、それぞれ例を挙げて説明せよ。
【設問3】　現在市場に出回っているものを1つ挙げ、それをプロダクトサイクルの過程に習い説明せよ。

第1節　製品の概念と分類

第1節では製品の概念とその種類について説明を行う。

(1) 製品とは

製品とは、販売するために作った品物である。
　アメリカの経営学者フィリップ・コトラー氏は「製品とは注目、取得、使用、消費を目的として市場に提供されるものであり、物的対象、サービス、パーソナリティ、場所、組織、アイデアを含むもの」と定義している。
　一般に出回っている製品は次の2つに分類することができる。
① 生産財
　　生産者が製品やサービスを生産するために購入・使用する原料や部品、設備などのことを指し、例えば衣類を生産するためには、原糸は勿論、染色するための設備や縫製設備などが必要であるが、これらが生産財と呼ばれる。
② 消費財
　　消費者が日常生活で使用、消費するもののこと。最終的なユーザー

が個人や家庭で使用するために買うものすべてが消費財に当てはまる。

また、消費財のうち長期間に渡って使用するものを耐久消費財と呼ぶ。

生産財と消費財の違いは、最終的な取引において、B to B で取引されるものが生産財であり、B to C のものが消費財である。つまり、製品の買い手が企業か消費者かで決まるのである。

第2節　主な製品戦略

本節では製品戦略の種類や新製品の開発などの基本体系について説明する

(1) 製品戦略とは何か

製品戦略とは、主に製造業者で使われる用語であり、流通業者では商品政策と呼ばれる。具体的には、企業が市場に製品を提供するための戦略であり、企業に利益をもたらすような製品ミックスの形成に関わる諸計画活動である。製品戦略の確立こそが企業価値を高める直接的な要因であるといえる。

製品戦略の対象には、「既存製品の改良・新用途の発見や破棄」「品質」「保障」「デザイン」「包装」「流行」「色彩」「商標」などがある。

(2) 製品差別化戦略

製品差別化とは、自社製品を他社製品との性能や外見の差を強調し、市場上での優位性を確保するための企業戦略の一つである。

現代は消費者の商品に対する判断基準が「良い」「悪い」から「好き」「嫌い」と変化したために、人とは違うモノを持ちたいという欲求が強くなった。そのために生産者は自社商品を消費者に引き付けるために製品の差別化が考えられるようになった。差別化を行うに当たり、一連の意味のある違いをデザインする活動を「製品差別化戦略」という。

製品の差別化には主に3つの形態が存在する。

① 物理的差別化：製品の外見や機能に違いを持たせる方法。(例) iPhone

と Xperia
② ブランドによる差別化：ロゴやブランド名などのブランド要素とブランドの特徴を組み合わせて行う差別化戦略。
③ リレーションシップによる差別化：顧客が特定の供給業者との関係に満足するようになることで発生する差別化。

差別化が行われていない商品は、もうひとつの差別化要素である「価格」によって価格競争を強いられる。

(3) 市場細分化戦略

製品差別化と並んで、消費者の需要を作る方法として市場細分化戦略がある。これは「Segmentation：セグメンテーション」とも呼ばれ、対象の市場や顧客を、ある一定の基準を元に区分け・分類することである。分類することで特定の層に対し集中的にアプローチを行うことで、より効率的に成果を得ようとする考え方である。

市場細分化戦略において企業がとるべきマーケティング戦略は、主に次の5つの形態に分けられる。

① 単一セグメント集中型

　　細分化した1つの市場に、企業のマーケティングを完全に一極集中させる方法。経営資源が限定された企業においては有効な戦略だが、他の市場の状況や突然の強力なライバル企業の出現により収益が悪化するなどの危険性も伴う。

② 製品専門型

　　限定された製品を複数のセグメント（ある決められた区分）へ集中的に販売する方法。特定分野において高い名声を得る可能性がある反面、新技術を用いた製品などが出現すると販売は落ち込む可能性がある。

③ 市場専門型

　　対象市場を限定し、多くの製品で多くのニーズに対応しようとする戦略である。専門業者として発展できる可能性があるが、需要の縮小に

よるダメージを負う可能性もある。
④ 選択的専門型
　製品や市場を限定せず、いくつかのセグメントに経営資源を投下する方法。シナジーは期待できないが、収益性が高く、リスクも分散できる。
⑤ 全市場浸透型
　あらゆる顧客、あらゆるニーズに対して対応する戦略。経営資源豊富な大企業だけがとる戦略である。

(4) 製品多様化戦略

　製品多様化戦略とは、需要の多様化に合わせてデザインやスタイル、色彩、品質などのアイデアを付け加えて製品ミックスを拡張する戦略である。

　この戦略の目的は①企業の安定成長、②需要の多様化に応じる、③過判能力の有効利用、④販売上の優位な地位を占める、⑤製造工程の共有によるコストダウンなどがある。

　また製品多様化は3つに分けることができ、同一市場を対象とした新製品の導入を行う「水平的多様化」、二次製品など生産過程から見て製品開発を拡大していく「垂直的多様化」、従来とは関連性の無い製品分野に進出する「異質的多様化」と分けることができる。

(5) 製品計画

　製品計画とは、「消費者のニーズを満足させ、収益性が確保できる製品を市場に提供する計画で、既存製品と新製品の数と構成を計画し、評価する活動」のことである。

　製品計画の種類には、基本的製品計画と副次的製品計画があり、前者は新製品開発、既存製品の改良、新用途の発見、製品の廃棄などがある。後者は包装、デザイン、ブランド、色彩などがある。

　製品計画については第3節で詳しく説明を行う。

(6) 新製品開発

企業を取り巻く市場の変化や競争状態の変化に対応すべく、新製品の開発が必要不可欠である。しかしながら、それによって必ずしも成功するとは限らないため、少しでも開発のコストを下げる必要がある。そこで「新製品開発のプロセス」がモデル化されている。

(7) 製品ライフサイクルと製品戦略

成功する商品には全て、明確に区別ができる4つの段階を持っており、①導入期（市場開発期）、②成長期、③成熟期、④衰退期と分けられる。この一連の流れを「製品ライフサイクル」と呼ぶ。失敗する製品は導入期での失敗が多い。また、それぞれの段階で重要視すべき点は次のように表せる。

なお、製品ライフサイクルについては第4節で詳しく説明を行う。

① 導入期

市場開拓を主とし、製品の知名度を高めることが重要である。特に製品のコンセプトや使い方など、顧客が製品を使用するイメージを理解してもらうことを重要視する必要がある。

② 成長期

市場におけるポジションの確立、シェアの確立を目指す。流通チャンネルの拡大を図る、機能改良、モデルチェンジも必要となる。

③ 成熟期

競合製品に対し、自社製品のポジショニングやシェアの防衛が必要。機能改変やモデルチェンジは小さなものとなる。

④ 衰退期

撤退のタイミングを逃さないようにしなくてはいけない。価格もマージンも低く抑えられたなかで、メンテナンス体制や社会的責任も考慮する必要がある。

第3節　製品計画

本節ではマーケティング戦略の鍵となる「製品計画」について、事例を交えて説明する。

(1) 製品計画とは

製品計画とは、シンプルに言えば「売れる商品を企画すること」である。

「Product planning：プロダクト・プランニング」とも呼ばれ、企業が適正な時期、価格、数量の自社製品やサービスを作り出すことである。市場と常に関わりながら、新製品の開発、既存製品の改良・修正、新用途の発見、製品ラインの縮小、廃棄などが行われる。製造業者から見た Merchandising：マーチャンダイジング[38] と考えればよいだろう。

また、製品計画には「新製品の開発」が欠かせない。これは企業の利益拡大による永久的発展や、消費者の多様化したニーズに対応する為に必要なことである。

しかし、新製品を開発することは容易ではない。研究開発費の高騰により、開発に失敗した際のリスクは高く、それが開発者の足かせとなり新製品やヒット商品は出にくくなっているのが現状だ。

そのリスクを抑えるため、完全な新製品の開発だけではなく、「既存製品の改良」といった側面での開発も行われている。

(2) 製品計画の事例

ここではアメリカの大手デジタル製品開発企業である「Apple」を事例に製

---

[38] 商品化計画。新商品・製品・サービスの開発や調達を通じて、戦略的に品揃えを行う活動。

品計画について説明を行う。

今や60代までの男女の所持率が7割を超えるともいわれるスマートフォン。その中でも、シェア率約70％[39]を誇るのがApple社の「iPhone」である。毎年新しいモデルが発売されるiPhoneだが、これは既存製品の改良による大きな成功例といえるだろう。

「AppleのiPhone」という圧倒的なブランド力の下、今でも新モデルの発売日には店頭に列ができる程人気の製品である。既存製品の改良はいまやApple最大の強みといえるだろう。

同社は、2015年に時計型ウェアラブルコンピュータ「Apple Watch」を発売している。これは「新製品の開発」として非常に良い例だ。スティーブ・ジョブズ氏の没後、新たにAppleのCEO（最高経営責任者）となったティム・クック氏が就任後初めて開発された新カテゴリの製品がこのApple Watchである。今ではこの製品にも新モデルが登場し、製品改良の段階へと進んでいる。

新製品の開発は一般的に「アイデアの創造」→「スクリーニング[40]」→「事業化分析[41]」→「試作品の作成」→「試作品のテスト」→「製品化」といった7つのプロセスで進められていく。しかし、製品化しても新製品の導入のタイミングによっては消費者に受容されない場合もある為、慎重に対応する必要がある。

（3）計画的陳腐化

新製品を市場に投入する際に必要となるのが「計画的陳腐化」である。これは、消費者に新製品を購入してもらうために、既存製品を廃棄することにより、新商品に消費者の目を向けさせ、購買需要を促進する戦略である。この計画的

---

39) 2017年時点での統計。
40) 集められたアイデアを開発目的やターゲットに合わせ取捨選択すること
41) スクリーニング後のアイデアが、具体的に製品特性や製品コンセプトになると共に、収益化が評価される段階のこと

陳腐化には３つの形態がある。

　第１に「機能的陳腐化」である。これは品質・機能などの面でより優れた製品を開発することにより、既存製品を陳腐化することである。先程のiPhoneなどは正にこの戦略に当てはまる。この戦略では陳腐化のスパンを短くしすぎると、勿論その分開発費が嵩むばかりか、消費者側は買い時を考えなくてはならなかったり、新しく買ってもすぐに「型落ち」したりしてしまう為、逆効果になりかねない。

　第２は「心理的陳腐化」である。これはスタイルやデザインなどの概観の変更によって既存製品の陳腐化を行うことである。自動車のモデルチェンジなどが挙げられる。

　そして第３に「物理的陳腐化」である。これは意図的に短期間のうちに製品の一部が磨耗するように設計することで陳腐化させるものである。某電気製品メーカーのタイマーは有名な話である。また最近ではiPhoneにも使用年数を設定するタイマーがあるのではないかと話題になった。

　消費者から見れば、計画的陳腐化によって旧製品となり安価となった製品を敢えて購入するのも一つの手である。

第４節　製品ライフサイクル

　本節では製品の導入から衰退までの流れについて説明を行う。

(1) 製品ライフサイクルとは

　製品は市場で「導入期」→「成長期」→「成熟期」→「衰退期」という過程を辿る。この過程を「製品ライフサイクル（プロダクトサイクル）」と呼ぶ。これにより企業は自社製品がどの時期にあるのかを考え、生産量、需要予測やプロモーション、投資時期、広告活動などにおいて調整を図ることができる。

　この製品ライフサイクルはよく植物の成長に例えられるため、本書でもそれに習い補足説明を行う。

(2) 導入期

企業が新製品を市場に投入する段階である。この段階における戦略の目的は市場の新規創造を図ると共に、製品におけるブランドを確立していくことにある。

競合他社の数は少ないため、市場における競争は激しくない。そのため他社との差別化を図る為にブランドを確立し、認知度を高める必要がある。植物の成長であれば、種を撒いた段階といえる。

(3) 成長期

投入した製品の需要が増大し始め、市場規模が拡大する段階である。この段階の目的は、製品の競争優位を維持するためのマーケットシェアの拡大とブランド・ロイヤリティ[42]の向上にある。

この段階では製品の売上・利益共に増大し、購買者層も高所得者や新しいもの好きの人から、一般大衆へと移行する。その為、消費者に自社ブランドを選択してもらうためのプロモーション活動が必要になる。植物の成長では、芽が出て伸びていく段階と言える。成熟するための大切な段階である。

(4) 成熟期

市場が飽和状態となり、売上高の伸び率が鈍化し、利益率も徐々に低下する段階である。この段階の目的はマーケットシェアの維持や、市場におけるポジショニング[43]を確立することである。

飽和状態によりマーケット争いはより激化し、プロモーションの積極化によりコストも増大する中、消費者のニーズも多様化するため、新規の事業機会も創造され、そこに新たな参入企業も見られるようになる。

---

42) 消費者の自社に対するブランド忠誠度(再購入率)のことである。
43) 自社製品(ブランド)が他社製品との比較において市場のどこに位置付けられるかを示すこと。または誘引ポジションを獲得すること。

このため、自社のポジショニング創造の為に市場全体を細分化し、マーケティング活動を行う「市場細分化」も採用されるようになる。植物の成長では、育ちきって輝いている状態である。

(5) 衰退期

製品の売上・利益共に減少していく段階である。多くの場合、この売上の減少は競合他社の技術革新や消費者ニーズに合った代替品の登場などにより、マーケットシェアを奪われることが原因である。

この段階の目的は、製品のモデルチェンジなどで延命を図るか、市場から撤退するかを決定することである。前者の場合、コストダウンを図ると同時に、ただの改良ではなく何らかのイノベーションが必要である。後者の場合、撤退の時期や方法について検討し、撤退までの間、利益獲得に務めなければならない。

植物の成長では、刻一刻と枯れてゆく段階である。植物は枯れる前に種を落とし、次の世代へと生命を繋ぐ。企業も植物のように、自社が枯れきる前に次の手を考えて実行しなくてはならない。

第5節　ブランディング

本節ではブランドとは何か、そしてブランディングの心得について示す。

(1) 商標（ブランド）とは

商標（Brand：ブランド）とは、製造者である事業体が顧客に対し自己の製品であることを示し、競争製品と区別するために用いる文字や図形、記号などやそれらの結合である。対象の商品がサービスの場合、この商標を「サービスマーク」という。

商標法によって登録された商標を「登録商標」といい、登録された個人または法人に専用権が与えられる。

(2) 商標の機能

商標は顧客に対し、出所を明確にし、製品の保障を与える機能がある。また商標は、製造者にとっては、顧客にその事業体や製品の存在を認知させると共に、他と識別させ、プロモーションの手段となる。商標による認知・識別の機能、知名度・信用の増大は、製品自体の品質（機能・性能・品位・デザイン・イメージなどに対する市場評価）の向上と結びつくことで、製品の競争上、差別的に優位な地位の確立、すなわち製品差別化に役立つのである。

(3) 商標の効果

製品に商標を付け、広告することで事業体と製品に対する認知・識別・信用の増大が一体となって促進され、一定以上の品位と均質性が保障されている場合、顧客は製品固体同士を比較して購入する場合のリスクを避けるという保障を獲得し、安心と信頼によって購買に対する満足を生み、消費者は名声の商標の付いた商品を保有・消費することに対する満足（消費者満足）を増大させる。

さらに商標への信頼によって、商品購入時のブランドに対する「こだわり」や Brand loyalty：ブランド・ロイヤリティが発生し、消費者を自社製品に固定化させることができる（固有市場の確保）。

Branding：ブランディングによるブランドの確立のためには、顧客の信頼を得て、それを高めることが最も重要であり、その為に画期的な技術や Context：コンテキスト [44] が必要である。

【PPP】

「Pay Per Post」の略称。ブログ記事の投稿に対して、報酬を支払うプログラムであり、ステルスマーケティングの代表的手法である。

ブロガーに記事の掲載を依頼し、掲載者に対し報酬を支払う仕組みのこと。「記事報酬型広告サービス」とも呼ばれる。

---

44) 信頼されるべき製品である理由（エピソード、物語、脈絡）のこと。

多くのサービスでは記事1本につき、数百円程度の報酬が設定されている。著名人のブログでは数十万円から100万円を超える報酬が設定されることもある。掲載する記事にはいくつかの条件が指定されており、商品を褒めることはもちろん、SEO：Search Engine Optimization（検索エンジン最適化、実は検索ヒット数を上げて露出度を高める取り組み）目的のために指定された用語を含めて広告主のサイトへリンクを張ることも指示されることが多い。

ペイパーポストには論理的観点で多数の問題が存在するが、法的には特に問題とはされていない。ただし薬事法で禁止されている効果効能についての記載が記事中にあった場合は、これが広告である以上許されるものではない。また内容が依頼に基づく広告であるにもかかわらず、記事中に広告主との関係性が記載されていない点についても今後問題視されることが予想される。

尚、Googleなどの検索エンジンではペイパーポストによるリンクは評価しないとしており、SEOによる効果も無い。むしろ検索した際の順位が下がる場合もある。

【PL】

PLとは「Product Liability：プロダクト・ライアビリティ」の略称で、「製造物責任法」のことを指す。製品の製造、加工、輸入など、一定の表示をして引き渡した製品の欠陥によって消費者が生命、財産、身体などに対し何らかの損害を被った場合、故意・過失に関わらずメーカー側に対し賠償責任を課すことを定めた法である。

平成2年から法制化へ向けての論議が行われ、平成6年7月に法案が議会を通過し、平成7年7月1日から施行されている。

参考文献
片上洋編著『学生の学生による学生のためのマーケティング（初版）』2007年、三学出版。

（2019年3月卒業　佐野浩史）

第 5 章　価格戦略

【設問】上澄み吸収価格戦略と市場浸透価格戦略とを使い分けている事例を説明せよ。

第 1 節　価格について

【価格とは】

　価格（Price）とは、一般的に商品の価値（Value）を貨幣や硬貨であらわしたものである。価格はわかりやすくいうと、この商品はこのぐらいの価値のある商品です、といっていることになる。商品を高価格にすることで高級なイメージを持たせることができる。企業の立場からみると価格は、製品、マーケティングチャネルおよびプロモーションを含む重要なマーケティングミックスの構成要素の一つであり、また競争手段でもある。消費者は商品の広義の品質（商品の機能、品質包装などの有形の要素、サービス、イメージなどの無形の要素を統合したもの）や価格に関する情報をプロモーションや店頭において獲得し、これらを検討して特定の商品の購買を決定するのである。また商品購買に影響を及ぼすものとして、消費者の心理、社会的条件などもある。したがって、消費者の商品選択に影響を及ぼす要因の中でも、特に重要なのが広義の品質とそれに対する価格である。

【価格の弾力性について】

　価格の弾力性とは、価格の変動によって、ある製品の需要や供給が変化する

度合いを示す数値である。需要の価格弾力性の場合は、需要の変化率／価格の変化率で表示される。例えば、ある製品の価格を10％値上げした時に、需要が5％下がると価格の弾力性は0.5になる。価格弾力性は、需要の変化率（％）÷価格の変化率（％）で表すことができる。

【価格の種類】

価格は事業体間におけるシェアの分割や寡占的な生産の程度によって、競争価格と管理価格に分けられる。この2つの違いは次の通りである。

競争価格は、完全競争市場において、需要と供給の関係において決定される価格である。完全競争市場とは、商品の売り手と買い手が多数存在して、完全に自由な競争が行われている市場である。完全競争には4つの条件がある。

a）その市場で取引される商品はどの企業で生産されたものも質的に同質である。

b）多数の需要者・供給者が存在し、小規模な個々の売り手・買い手は市場価格（市場で実際に成立している価格）にほとんど影響力を及ぼすことがない。

c）売り手・買い手は製品の品質や市場価格などについて完全の情報を持っている。

d）新規の売り手・買い手が市場に参加したり、従来の売り手・買い手が市場から退出することが自由である市場である。完全競争とはこのような条件を満たす市場のことである。

管理価格とは、有力企業がプライスリーダーとして一定の利潤が確保できるように価格を設定し、その他の企業がそれに追随する場合の価格である。競争価格のように需給事情に応じて絶えず変動することなく、ある程度の安定性を持っていることを特徴としている。

第2節　価格に影響する要素

【フレーム】
① 需要　　　　　　　　　　　○価格上限（これ以上需要なし）
② 会社の目標　　　　　　　　○価格を上げる
③ 競争の要素と政府の政策　　○価格を下げる
④ 生産のコスト　　　　　　　○価格下限（これ以下利潤なし）

1．生産コスト（国際生産の場合）

【ヘクシャー＝オリーン理論】
① リカードの比較生産費説では、労働が唯一の生産要素として扱われていたが、ヘクシャーとオリーンは、さまざまな生産要素を考慮にいれ、比較優位の決定要因は各国における生産要素の賦存度の違いであるとした。

例：一台の自動車の生産には 10 単位の資本と 5 単位の労働が、一着の上着の生産には 2 単位の資本と 4 単位の労働が必要であるとすれば、

A 国（例えば中国）は衣料に比較優位を持ち、B 国（例えば日本）は自動車に比較優位を持つ。

② 一つの財をより多く生産するためには必ず他の財の生産をいくらか減らさなければならない。——この関係を表すのが「生産フロンティア」

例：自動車の生産量を Q_a、衣料の生産量を Q_c で表すと、生産に用いる資本と労働の量が経済に存在する総資本 K、総労働 L を超えられないので：

$10Q_a + 2Q_c \leq K$　$5Q_a + 4Q_c \leq L$

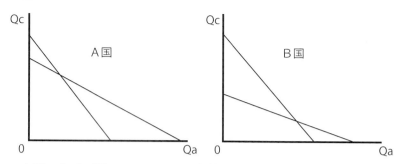

A国の生産可能フロンティアは衣料のほうに突き出し、B国の生産可能フロンティアは自動車のほうに突き出し

③　A国は衣料を多く生産し、B国は自動車を多く生産する。
　A国では衣料の価格が低くなり、B国では自動車の価格が低くなる。
　したがって、両国の間で貿易が行われ、A国が衣料を、B国が自動車を輸出することになる。

2. 価格決定の方式

【価格設定】
　価格設定の前提として、最初に何のために価格を設定するのかという価格目標を決定しなければならない。そのためには、価格目標を「利益の最大化」「売上高の最大化」「シェアの最大化」の3つに分ける必要がある。

第5章　価格戦略　43

【価格決定の目標】

目標	条件	注意すべき
利潤：1. 最高利潤	独占できる新産品	①消費者が堪える上限 ②法規
2. 目標利潤	投資と金回収の要求がはっきり	①その業種に入る障害の大きさ ②企業の競争力
3. 最低利潤	充分の競争とはっきりとわかる情報	その業種の平均利潤水準の勢力
市場占有率（普及させる（新製品））の拡大←低い価格でできるだけ大きな市場を占める	①激しい競争情勢 ②「戦局」はまだはっきりしていないこと	①需要の弾力性 ②経営者の反応能力
生存——資本金を守ってあるいは損失したまま現金の流動を維持する	①なかなか売れない産品 ②危機に直面している会社	元手を割り込む時間の長さ

図表5−1　価格決定の目標
出　所：https://wenku.baidu.com/view/548d8a8d770bf78a64295425.html
（2019年3月1日現在）

3. 競争要素

【供給】
a. 供給（供給関数、供給曲線）

例えば、ある大根の価格は1本 P_o 円、その時の供給量は X_o である。そしてある日、大根の価格は上がって、P1になった。野菜の会社は利潤向上のため、

自然に生産量を上げて、供給量はX1になった。その例を図示すれば、供給量Xは価格Pの関数としてX＝S（p）で示される。この関数を、縦軸に価格を、横軸に生産量を示せば、曲線で示されたものは図1-2の曲線である。

X＝S（p）を供給関数。図1-2の曲線を供給曲線とよぶ。

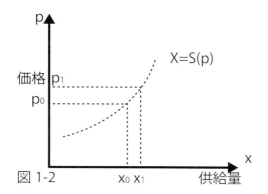

a（説明）：各企業は生産量を変化させても、その量が相対的に小さいため、生産物の市場にも、また生産要素の市場にも直接にはなんらの影響を及ぼさない。しかし、産業全体の生産量の拡大は、それに必要な生産要素の需要量を変化させ、その生産要素の市場価格を変化させる可能性がある。競争市場の供給曲線を考えるときには、供給量の増減が生産要素の市場に及ぼす影響を考慮しなくてはならない。

【競争者の産品の価格と品質】

ライバル同士の情報は競争の中でも一番重要なものである。競争者の価格と産品の質量に狙って、自分の価格を決定するということである。

【価格競争と非価格競争（短期の利益と長期の利益）】

a.価格の競争とは、ただ価格を上げたり、下げたりすることである。

競争者の産品の価格に対して、自分の価格を決定し、産品に改動すること一切ない。それは短期に、著しい利益が得られるが、長期的な発展から見れば有

効な政策ではない。

b. 非価格的な競争は、a（価格の競争）に対するものである。

産品の質量などの面から競争し、価格競争を避けることである。短期的には価格の策略に損をするかもしれないが、長期的に有利だろう。しかし、充分な流動資金が必要である。

④ 市場状態

[種類]	[価格を決定する要素]	[企業の影響力]
完全競争市場（ありえない）	需要と供給	無
寡占市場	特長（産品）、消費者心理	有
独占市場	政策や法令	有

図表 5-2 市場状態
出　所：https://wenku.baidu.com/view/548d8a8d770bf78a64295425.html
（2019年3月1日現在）

4　需要

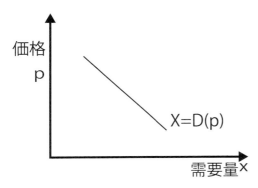

図表 5-3

図表 5-3 を需要曲線とよび、これを関数関係としてとらえたもの X＝D（p）
価格と需要の運動

第3節　価格決定の方式

【需要による価格決定の方式】
① 価値予想法
——販売者「この商品はいくらだったら買いますか？」
——消費者「2,000円かな」
——販売者「じゃあその価格にするから、商談成立だね」
② 逆方向決定法
　まず、販売の記録を調べて、競争の現状を了解して、最も売りやすい価格を保証したうえで産品を設計する。「今まで2,000円で売ってきたから、その値段で売るよ。そうできるようにメーカーに言っとこう。」

【競争による価格決定の方式】

価格	水準	目標
通常価格	業界の平均価格	競争を避け、適当な利潤を手に入る
競争価格	平均価格より低い	市場を奪い合う
	平均価格より高い	競争者と区別する

図表5-3　価格決定の方式
出所：https://wenku.baidu.com/view/548d8a8d770bf78a64295425.html
（2019年3月1日現在）

【心理的価格を基準とする方式】
① 名声価格法
② 慣習価格法
③ 端数価格法
④ 縁がいい数字

【産品線による価格決定】

sharp テレビ 14" ¥16,888   sharp25" ¥39,888   34" ¥138,888

注意すべきこと　(i) サイズの差から生産費用の違い
　　　　　　　　(ii) 顧客からの評価

【補完し合う産品による価格決定法】

例えば：① プリンターとインク
　　　　② スマホケースと液晶保護フィルム
　　　　③ 全体から価格を決定する決定法
例えば：ステレオコンポ　セットで買うと、セット価格。

【割引価格】

① 現金割引き　(i) 一定の時間に速やかに支払う
　　　　　　　(ii) 現金で支払う
　　　　　　　　　資金の流動を速めて、リスクを減る
② 購入する数による割引き：購入する数量が多ければ多いほど、割引きが大きい。
　(i) 累積する数
　(ii) その場限りの数
③ 季節による割引き：例えば、衣料業では、夏に冬服を買うと、割引きがある。

【差別価格】
①顧客差別決定法：　　(i)　スーパー：会員と非会員
　　　　　　　　　　　(ii)　　　　　　新顧客
②産品差別　　　　　　(i)　飛行機：一等席と二等席
　　　　　　　　　　　(ii)　月餅　：上等な包装と簡易包装
③空間差別　　　　　　(i)　コンサートの位置

第4節　新製品の価格戦略

【上澄み吸収価格戦略】

　市場導入時に高価格に設定し、開発コストなどを早めに回収し、売り上げが落ち込んできたら価格をどんどん落としていくという戦略。新商品は大抵、開発者が一生懸命考えては捨て、考えては捨て、の繰り返しで作られているものであるため莫大な開発コストが掛かっている。またスクリーニング(screening)によって、開発した成果の30％が新発売されるといわれている。それゆえ、最初に高価格に設定し、十分な利益を取っておく必要がある。市場における上客をすくい取るため、上澄み吸収価格法と呼ばれる。冒険心にあふれ新しいもの新しいものを積極的に採用するイノベーター（革新者）の需要は非弾力的なので革新的な新製品を売る際に上澄み吸収選択を採択するとよい。この戦略が必要なのは、商品の陳腐化があるからで、製品は4つのステージに分けることができる。

　　　　　　　　導入期　→　成長期　→　成熟期　→　衰退期

　このように製品は生き物と同じように生まれて死んでいく。この図をライフサイクルとよぶ。上澄み吸収戦略法の導入期の戦略に当てはまる。製品が衰退期に順当に廃棄される場合とはほかに、企業が意図的に製品を陳腐化し廃棄する場合もあり、一般に製品の陳腐化とよばれている。これを行う主な目的は、本来ならば環境の変化に伴い推移する製品のライフサイクルの動きを意図的に短縮化することで絶えず消費市場の活性化を図るためである。この上澄み吸収

価格戦略はファッション製品や電化製品に使われることが多い。例を挙げると、薄型テレビがあがる。薄型テレビは形状や画質、価格は衝撃的だった。奥行きが50センチ以上あったテレビから、10センチにも満たない奥行きになった。最近では、任天堂のswitch。この商品も機能は抜群だが、値段は5万、6万と高額であった。しかし発売してから抽選をして当たったら買えるという人気商品である。この例から、優れた新商品は高価格でも、欲しがる消費者、ファンが存在するため売れるのである。

【市場浸透価格戦略】
市場導入時に低価格に設定して高いシェアを獲得することを狙いとした戦略である。市場浸透価格戦略が有効なのは、需要の価格弾力性が高い製品である。低価格に設定することで関心がなくても興味を持ってしまい買ってしまう。この高いシェアにより開発コストなどの回収を目的としている。例を挙げると、携帯電話がある。端末をタダで配ったとしてもユーザー数が増えれば、その後の基本料金と通話料で利益が見込める。また、Yahoo!も知名度とシェア重視の低価格戦略で多数のユーザーを獲得した。

第5節　価格を調整する政策

1. 自発的に価格を上げる / 下げる
　　(1) 企業が自発的に価格を上げる
　　　1）産品の包装、デザイン、性能がよくなる
　　　2）産品の生産コストの上昇
　　　3）Inflation：インフレーション
　　　4）需要が上がる
　　　5）政府の政策や法律の改訂からの影響
　　(2) 企業が自発的に価格を下げる
　　　1）供給過剰

2）点いで資金を戻す場合
3）市場占有率の低下
4）価格競争
5）生産コストの低下（技術の発展）
6）政府の政策や法律の改訂からの影響

2. 消費者の可能な反応
1）一定範囲で価格変更が受け入れられる。
2）産品の知名度の向上、消費者の収入の向上、インフレーションなどの場合、受け入れられる価格の上限が上がるかもしれない。
3）値下げによる消費者の反応：①産品が時代に遅れる　②生産者が資金困難に遭った　③もっと下がる可能性がある　④生産コストが下がった。
4）他の反応

①競争者の反応　　　1. 対抗的な反応：A社が値上げなら、B社も値上げ
　　　　　　　　　　　　　　～値下げ～　　　　　値下げ
　　　　　　　　　2. 逆方向反応：A社が値上げなら、B社は値下げ、あるいは変更しない。A社が値下げなら、B社が値上げ、あるいは変更しない

②企業が競争者の価格変動による反応
1. 価格を変更しない、自然のまま、顧客の信頼にまかせる。
2. 価格を変更しない、非価格競争を強める。
3. 全体あるいは一部を競争者の価格変動の後に続き、市場の状況を維持する。

3. 価格変動の政策
(1) 顧客と競争者の反応をしっかりと注意
(2) 1）値下げ　①値下げのタイミングを把握
　　　　　　　②割引（券）
　　　　　　　　贈り物、分期払いなどの方法も活用する

2）値上げ
　①事前に、明確に顧客に理由を説明
　②産品とサービスを分けて処理
　③割引を減らす
　④包装減免（軽装・省略）——頻繁な変更を回避する

参考
片上　洋編著『学生の学生による学生のためのマーケティング入門』
伊部泰弘編著『北陸に学ぶマーケティング』
西田安慶編著『現代マーケティング論』
https://wenku.baidu.com/view/548d8a8d770bf78a64295425.html　（2019年3月1日現在）

（2019年3月卒業　本間紳太郎）

（2019年4月4年　呉 凡）

第6章 プロモーション戦略

【設問1】製品が流通される際、企業は消費者に対して、どのような方法で製品を認知させるのか説明せよ。

【設問2】あなた自身の生活において、どのような広告が身近に潜んでいるのか説明せよ。

第1節　プロモーションとは？

【プロモーションとプロモーションミックス】

プロモーション（販売促進）とは、製品・サービスに対する意識や関心を高め、購買を促進するメッセージのことを指しており、最近ではコミュニケーションともいわれている。マーケティング戦略の一部として行われている販売促進のための宣伝活動、あるいは広報活動という意味で用いられることが多い。

プロモーションは、サービスマーケティングミックスを構成する7Pの一つである。サービスマーケティングミックスは、「**製品戦略**：Product」、「**価格戦略**：Price」、「**流通チャネル戦略**：Place」、「**プロモーション戦略**：Promotion」、「**従業員・関係者**：Personnel」、「**業務プロセス・販売プロセス**：Process」、「**物的証拠**：Physical Evidence」から成っている。7Pとは、マッカーシーの4P（Product・Price・Place・Promotion）に、フィリップ・コトラーがさらに3つのPの要素を付け加えたサービスマーケティングミックスのことである。

次にプロモーションミックスについて触れておく。プロモーションミックスとは、広告、販売促進（セールスプロモーション）、人的販売、パブリシティとPR、ダイレクトマーケティングなどの手法を組み合わせたものをいう。こ

れらの手法については、第2節で詳しく説明することとする。

　プロモーションを行う目的として、①新規顧客の獲得　②商品やサービスの認知拡大　③既存客に対する販売の動機付け　が挙げられる。まず、製品・サービスの存在を多くの人に知ってもらう必要がある。そのためには、魅力や必要性を最大限にアピールしなければならない。最初に、製品・サービスの認知を広げる。その認知を広げることができたら、購買の動機付けをする。そして購買意欲を高めて、購入のきっかけや理由を提示する。購入後もメリットを実感してもらえるようなプロモーション活動を検討することが重要になるであろう。

　ここで4P・7Pと密接に関係している4Cについて説明していきたい。4Pや7Pを知っていても、4Cは知らないという人が少なくないのではないだろうか。しかし、4Cは現代のマーケティングにおいて、欠くことのできない重要な概念である。7Pによって売り手が起こしたアクションを実際の購買行動に結びつけるためには、買い手側の視点も必要になる。そこで提唱されたのが、顧客側の視点に立つ4Cという考え方である[45]。

　4Cと呼ばれるのは、4P・7Pと同じように、4つのキーワードの頭文字が共通している点が関係している。4つのCとは、顧客から見た企業の価値を意味するCustomer value、顧客が支払う金額を意味するCost、関係性を構築するためのCommunication、利便性を意味するConvenienceの頭文字である。Customer valueはProductと、CostはPriceと、CommunicationはPromotionと、ConvenienceはPlaceと対称の関係になっている。このように、4P・7Pと4Cがどれだけ密接な関係にあるかが分かるのではないだろうか。

【プロモーション手法】

　製品やサービスの存在を知ってもらうためのプロモーション手法はたくさんある。新聞・雑誌への広告掲載や、テレビ・ラジオCMなどメディア媒体を利用したプロモーションのほか、ポスティングやダイレクトメールなど多種多

---

45) https://www.marketingbank.jp/special/cat07/96.php　（2019年3月4日現在）

様だ。購買意欲を高めるための手法としてノベルティや購入特典、クーポン発行という方法も様々な業界で取り入れられている。

代表的なプロモーション手法の詳細は、「第4節 プロモーションミックスの諸要素」でふれることとする。

参考Webサイト　　　https://www.bizocean.jp/doc/howto/144/
　　　　　　　　　　https://sora1.jp/blog/4p-7p/
　　　　　　　　　（2019年2月28日現在）

（2019年4月4年　小林 尚輝）

第2節　プロモーション戦略

プロモーション戦略とは、マーケティングミックス（4P）のひとつPromotionを用いた戦略である。

プロモーション戦略とは、「顧客とのコミュニケーションによって、顧客の態度を変化させ、購買行動に導く一連の活動」と定義できる。

マーケティングミックス要素に関する戦略
・Promotion　プロモーション戦略
・Product　製品戦略（プロダクト戦略）
・Price　価格戦略
・Place　流通戦略

プロモーションとは、「広告、パブリシティ、人的販売、及びその他の販売促進諸活動4つすべてを包括した意味合いにおいて広く用いられる」ものである。前二者は人を介さずに行われることなので「非人的コミュニケーション」後者は直接の相互コミュニケーションが行われるので「人的コミュニケーション」と呼ばれる。これらの要素を組み合わせると最大限の効果が発揮される、これを、第1節で述べたように、「プロモーションミックス」または「コミュ

ニケーションミックス」という。

　プロモーション戦略（及び流通戦略）を語る際に、プッシュ戦略とプル戦略という方針の異なる２つの戦略について語られることがある。プッシュ戦略はプッシュ（push）という言葉通り、押し出すイメージである。

　一方プル戦略はプル（pull）という言葉から、引いてくる、引っ張ってくるイメージである。

　この２つの戦略を端的に言うと、プッシュ戦略はチャネルを通じて消費者に売り込んでいく"押せ押せ"の戦略、プル戦略は広告などでブランドに対するイメージを形成し重要を"引き出す"戦略である。

　これらのプロモーション戦略はチャネルを通じて行うため、流通戦略と絡めて語られる場合がある。プロモーション戦略もまた、企業が直面している環境によって採用する戦略も異なる[46]。

（2019 年 3 月卒業　小林　智哉）

第 3 節　コミュニケーションと AIDMA モデル

　シャノンとウィーバーは「コミュニケーションモデル」を提唱した[47]。これによるとコミュニケーションとは、送り手が伝えたいメッセージを作成し（情報源）、それを発信（送信機としての役割）、様々なノイズの発生（文化や言語などの問題）、受け手が受信する（受信機としての役割）、それを解釈する（目的地）、という一連の流れだという[48]。このことを参考にマーケティングでは消費者がどのようにして商品に気づき、購入にいたるのかという一連の流れを説

---

46) 片上洋編著『学生の学生による学生のためのマーケティング入門（初版）』2007 年、三学出版、pp.48 〜 49。
47) Claude E. Shannon、Warren Weaver、"Mathematical Theory of Communication"、1949、日本語訳：通信の数学的理論 (ちくま学芸文庫) 参照。
48) http://sci.digitalmuseum.jp/project/gis/mayfes/communication.php　（2019 年 3 月 2 日現在）

明する理論として AIDMA 理論を用いている[49]。

	AIDMA モデル	AIDA モデル	AIDCA モデル	AIDAS モデル
認知段階	A：Attention（注意）	A：Attention（注意）	A：Attention（注意）	A：Attention（注意）
感情情段	I：Interest（興味、関心）	I：Interest（興味、関心）	I：Interest（興味、関心）	I：Interest（興味、関心）
	D：Desire（欲求）	D：Desire（欲求）	D：Desire（欲求）	D：Desire（欲求）
	M：Memory（記憶）		C：Conviction（確信）	
行動段階	A：Action（行動）	A：Action（行動）	A：Action（行動）	A：Action（行動）
				S：Satisfaction（満足）

図表 6-1：コミュニケーションの反応プロセス
出所：http://www.medi-graph.com/contents/essay/manual/004.html をもとに筆者が作成

　AIDMA モデルは「認知段階」「感情段階」「行動段階」の 3 つに分けられる。例えばあなたは車を買おうとしているとする。
　「認知段階」とは、消費者がどのような車種があるか、その車は燃費がいいのか悪いのか、見た目や色は何があるか、価格はどのくらいなのか、などを知るという段階である。
　「感情段階」は実際に車が道路を走っている場面を見てカッコよかった、その車に乗っている人が満足していることを聞いて欲しくなったなどより興味を持つ段階である。
　「行動段階」は行動をする段階で、実際に買う段階である。

---

[49]　http://www.medi-graph.com/contents/essay/manual/004.html　（2019 年 3 月 1 日現在）

「AIDMAモデル」の他に、「AIDA（アイダ）モデル」Mのmemoryの部分がCのConbictionの変わった「AIDCA（アイドカ）モデル」AIDAモデルに満足（Satisfaction）を追加した「AIDAS（アイダス）モデル」がある[50]。

(2019年3月卒業　小林　智哉)

第4節　プロモーションミックス諸要素

【広告】

　ＴＶ広告や雑誌広告など、告知活動自体を広告と呼ぶことが一般的には多いが、世界的な定義としては、より広義な概念として利用されることが多いようである。そして、前述のような具体的な告知物は、広告媒体などと呼ばれ区別される。

　また、広告は伝達したい人の規模により、出稿（広告を出すこと）する媒体も変えることが一般的である。たとえば、日本全国に広く告知したい場合には、全国放送のＴＶ局につながりのある広告代理店に発注することになる。また、ある地域で特定の新聞を読んでいる読者に告知したい、という場合には、新聞の折込チラシを新聞販売店に持ち込み、告知を依頼することになる。もちろんこれらの例も一部であり、その広告活動はどこに依頼するのか、どれくらいの規模で告知するのか、予算はどれくらいかけるのか、どういう広告デザインにするのかなど、多くのことを決め、告知活動をすることになる。

　広告を出す媒体には、様々なものがある。テレビ、ラジオ、雑誌、ホームページ、メール、新聞チラシ、電柱広告、電車やバス、地下街のポスター等の交通広告など。私達の情報伝達の技術発達の歴史にともなって、さまざまな広告が誕生し、その利用が広がっている。

　また、一見すると広告とわからない広告も存在するのも現実である。一般的には企画広告と呼ばれ、たとえば雑誌などで「広告企画」などと表記され、あたかも雑誌内の1記事のように読ませる体裁になっているものである。また、

---

50)　http://www.medi-graph.com/contents/essay/manual/004.html　(2019年2月28日現在)

ブログなどで「利用体験」などとしながらも、実は企業から広告料金をもらって広告文を書いているものまで様々である。

国内では、いきすぎた広告表現や利用者に不利益となってしまうような広告は規制されるよう、法律や自主規制などが整備されている。国内では、不当景品類及び不当表示防止法（景品表示法）や薬事法といった法令が存在し、業界においては公正競争規約などの自主規制が存在している。

これらの広告は決して無駄ではないといえる[51]。

【PR：Public Relations】

PR(パブリックリレーションズ)とは、国家・企業・団体などの組織体または個人が、一般大衆に対して情報を伝播したり情報や意見を受け入れること。自身に対して理解や信頼を獲得しようとする目的で行われる広報活動または宣伝活動を含む概念で、多くの場合頭文字のPRやPR活動としてを使う。

具体的なPR活動としては各関係グループの意見、または態度の調査、好ましくないと思われている面の是正、好ましいと思われている面を一層助長。

PR活動は上記のパブリック以外にも、MPR（マーケティング・パブリック・リレーションズ）、CPR（コーポレート・パブリック・リレーションズ）、メディアリレーションズ（マスメディアに対して）、インベスター・リレーションズ（投

---

[51] 初版では、広告を次のように分類している。
「広告の分類として『製品広告』と『企業広告』があるのだ。（→対象別分類）『製品広告』とは、当該製品に対して購買意欲を沸き立てるため、当該製品の販売を促進するための広告である。一方、『企業広告』とは、当該製品の販売促進ではなく、企業自体の認知度やイメージの向上を目的とした広告である。また、最近はこれらをミックスして用いる企業が増大している。
また、製品広告については『製品ライフサイクル』を考慮する広告の分類が行われることもある。（→目的・条件別分類）導入期には新製品の認知度を上げるべく『先導的広告』、成長期には自社ブランドに対する需要を生み出す『競争的広告』、成熟期以降にはブランドロイヤルティの形成に役立たせるために利用される『維持的広告』がある。」(片上洋編著、前掲書、P.52。)

資家や証券アナリストに対して）など多種に渡る。

【パブリシティ：Publicity】
　企業・団体・官庁などが、その製品・事業などに関する情報を積極的にマス-コミに提供し、マス-メディアを通して報道として伝達されるよう働きかける広報活動のことである。爆発的ヒットになった商品などは、企業が独自にプロモーションするよりもマスメディアなどで取り上げられている場合が多いので企業はその場合情報を提供する側に回るため広告予算は無料になる。また情報も第3者として情報提供を行うため消費者の視点での情報を与えられるため広告効果が高くなる。必ずしも広告効果が得られるわけではないがヒット商品にはパブリシティ効果が影響しているといえるであろう。

【POP】
　小売業が厳しい経営状況を乗り越えるために様々な工夫を施しているがその中の一つにPOPがある。「POP」とは「point of purchase advetisting」の略称で、POPは、紙を広告媒体としてその上に商品名と価格、またはキャッチコピーや説明文、イラストだけを手描きしたものであり、数ある広告媒体の中でも単純なツールの一つである。しかし、POPは個性的な店の雰囲気を作り上げる力があり、POP一つでその商品、ひいては店舗の売上を左右するとまで言われるほど、実に優れた力を持っている。店舗イメージやイベント、季節の移り変わりを表現することで販売促進に非常に有効であり、売場の雰囲気を一変させる。
　いわゆるセルフサービス形態の業態にあっては、後述するように店員（接客係）の業務を補助するものであるが、同時に店内の雰囲気を演出することにもつながるこれら広告媒体は、経営者側にとって顧客アピールのために重視されるツールともなりうるため、事業所内で即興に手書きされたものから、既存の様々な表示機材（ディスプレイ）を利用したり、それ専用に作られた製品を利用したりする。更には、それら商店に品物を販売するメーカーも、自社製品の

消費者への売り込みのために商品とともに広告器材としてのPOPを提供することもあり、そのようなメーカー自身が提供するPOPでは、無償提供のものから有償の・商品陳列器材をかねたものなどまで、多種多様なものが利用されている。

【人的販売とCRM】

　人的販売とは「顧客との会話を通じて行うプレゼンテーション」であると定義されている。前述したプッシュ戦略と言われ、人と人とのコミュニケーションによって行われるので情報や意思疎通など他のプロモーションより説得力が高く効果も高いといえる。ここでCRMについて説明する。

　CRMは、英語の「Customer Relationship Management」の略語であり、日本語では「顧客関係管理」、あるいは簡単に「顧客管理」などと訳される。その言葉通り、顧客との関係を構築・管理するマネジメント手法を意味している。

　CRMでは「顧客」を企業のビジネスにとって最も重要な要素と位置付けている。かつては「ヒト」「モノ」「カネ」――すなわち技術力・営業力を持った優秀な人材、競合他社に追随を許さない高品質の製品・サービス、投資を支える豊富な資金の三つがビジネスを成功させるのに必要不可欠な要素と考えられてきた。けれども、いかに優秀な人材が高品質の製品・サービスを提供しても、製品・サービスを購入する顧客が存在しなければビジネスは成り立たない。そこで顧客を中心に据え、事業戦略やプロセスも含めたビジネススタイルを考えていこうというのが、CRMなのである。人的販売を考える上でCRMは密接に関わっているといえる。人とのコミュニケーションで商品を販売するのが人的販売なので、顧客を中心に考えることが重要だといえる[52]。

---

52) 販売員の人的販売は、プロモーション活動の一つとしての創造的販売と、フルフィルメント・プロセスの一つとしてのサービス的販売が存在するが、対面販売においては、前者は後者を実現するために必要な前提的なプロセスであり、正確で豊富な商品知識と、顧客の求めている情報が何かを見抜く洞察力が必要である（片上洋編著『学生の学生による学生のためのマーケティング入門（初版）』2007年、三学出版、P.81.）

【その他の販売促進】

　狭義の販売促進は「広告、パブリシティ、人的販売を除く、その他の販売促進活動」である。つまり狭義の販売促進は特殊なマーケティング活動であり、消費者の購買やディーラーの効率性を刺激するような陳列、展示、展覧会、実演、その他定式化して繰り返し行うことができない販売促進活動のことである。3つ紹介する、まず「企業向け販売促進」これは、企業内の販売促進活動であり、各部門の相互理解や販売意欲向上を目的としたものである。例を挙げると、マニュアルやコンテスト、社内報作成などがこれに当たる。

　もう一つは「流通業者向け販売促進」である、これは関係のある流通業者に対して行う販売促進活動で、自社製品の売上増大やチャネル全体にマーケティング戦略を徹底させようとするためのものである例を出すと、サンプル品やカタログ、パンフレット等がこれに当たる。

　最後に「消費者向け販売促進」である、これはクーポンやポイント制、試食や試供品などが例に挙げられる。

　マーケティングとは、製品と価値を生み出して他者と交換することによって、個人や団体が必要なものや欲しいものを手に入れるために利用する社会上・経営上のプロセスである。ここで着目するべき点は「価値の交換」と「経営上のプロセス」である。製品を販売するということは、顧客に価値を理解してもらって対価と交換するという、Win-Win関係を示唆している。「経営上のプロセス」には、マーケティングは単独の部門や組織機能で担うものではなく、経営に直結するプロセスであることを意味している。企業マネジメントに近い概念であるといえるだろう[53]。

（以上　2019年3月卒業　小林　智哉）

---

53) 片上洋編著『学生の学生による学生のためのマーケティング入門（初版）』2007年、三学出版、pp.48〜57。

【ダイレクトマーケティング】
商品（サービス）に対して、何らかの興味を持っている見込み客だけにターゲットを絞って、直接的にアプローチをしていくことをいう。
　例：折り込みチラシやインターネット広告で集客し、無料サンプルを提供することで初回仕様のハードルを下げ、体験後に定期購入へ繋げる（化粧品業界・健康食品業界）
　　　関連商品や購入履歴からの提案オファー（Amazon）
　　　新聞広告やチラシなどのサンプル請求を利用した教材の無料配布（ベネッセ）
参考及び引用 web サイト：
http://marketer-thinking.com/kihon/promotionmix.html

第 5 節　プロモーション戦略の設計

プロモーション戦略を行うためのステップは以下のようになる。
①ターゲットの明確化
　ターゲットを明確にしないと、プロモーション上の効果が薄くなり、当初見込んでいた目標を達成できない可能性が高くなる。そこで、標的指標者が製品・ブランドに対して持つ、認知度・好感度・イメージについて調査することが必要になる。
②目的の設定
　第 3 節であったように、消費者には購買に至るまでにいくつかの AIDMA（認知段階）がある。標的視聴者の AIDMA に応じて、目的を決定する。
③コミュニケーション設計
　まず、メッセージ内容（アピール・テーマ・アイデアなど）を決定
次に、メッセージの発信源（芸能人・無名の人物など）の決定
そして、伝えるべきメッセージづくり（製品の良さをアピール）の決定
④コミュニケーションチャネルの選択

ターゲットとなるお客さんに、製品やサービスを理解してもらうために情報を送ったり、買い物をしたお客さんからのメッセージを受け取ったりするためのチャネル（経路）のこと。（新聞・雑誌・テレビ・SNSなど）

⑤予算の設定

⑥コミュニケーションミックスの決定

　広告、販売促進、人的販売、パブリシティとPR、ダイレクトマーケティングが挙げられる。

⑦効果測定、モニタリング

　効果測定…何人か標的視聴者を選び質問をして、どれだけ認知されているかを調査する。

　モニタリング…商品サービスを顧客に期間や数量限定で体感してもらうプロモーション手法

⑧統合型マーケティングコミュニケーション（IMC）の管理

　マスメディアによる広告だけでなく、電話、FAX、インターネットなどのあらゆるメディアを通してメッセージやブランドイメージを伝えていくマーケティング手法。

参考及び引用webサイト

　　http://marketer-thinking.com/kihon/promotionsekkei1.html
　（2019年2月28日現在）

　　http://marketer-thinking.com/kihon/promotionsekkei2.html
　（2019年2月28日現在）

（以上2019年4月4年　小林 尚輝）

第7章　マーケティングチャネル戦略

【設問1】マーケティングチャネルとは何か説明せよ。
【設問2】流通チャネル短縮化戦略の利点と問題点を説明せよ。
【設問3】流通チャネル選択戦略の事例を挙げ、製品イメージに対する影響を説明せよ。

第1節　マーケティングチャネル

　チャネルという用語は「経路」や「道筋」という意味で、マーケティングにおいてチャネルとは、商品やサービスが消費者（お客さん）に届くまでの経路やその媒体のことを意味する。例えば、企業のWebサイトや広告、CMなどや、卸売業者や配送業者など、商品が消費者の手に届くまでの全てがチャネルに含まれる。製品・サービスの入手または消費を可能にするためのプロセスに関わる、相互依存的な組織集団を指す。たとえば、流通チャネルであれば、卸売業者、仲買人、小売業者などがそれに当たる。
　また、現在では、企業が製品・サービスの提供を行なうチャネルとして、インターネット販売、通信販売、テレマーケティングなどのダイレクトマーケティングのチャネルも利用することができる。
　マーケティングにおけるチャネルの選択とミックスは顧客が製品、サービスを入手、消費する際の大きな判断基準となるので、顧客の要求をよく理解して設計する必要がある。
　マーケティングチャネルとは、マーケティングミックス:4Pのひとつ「Place」のことである。マーケティングチャネル戦略(流通戦略)とは、流通チャネル

政策群に関わる戦略を指し、プレイス戦略、流通戦略、チャネル戦略と同義である。

マーケティングチャネル戦略は、戦略を具体的施策に落とし込むマーケティングミックス (4P) での検討項目の一つである。

マーケティングミックス:4P とは

① Product: 製品戦略 (プロダクト戦略)、または Product management)
② Price: 価格戦略
③ Place: チャネル戦略 (流通戦略)
④ Promotion: コミュニケーション戦略

マーケティングチャネル戦略は、製造業者が自社製品のコンセプトに最適の小売パッケージのもとで自己の企画した商品イメージを高揚し、自社製品を有利に販売し市場シェアを拡大するためのマーケティングチャネルを計画し構築する流通機能を対象としたマーケティング戦略である[54]。

1　プロダクト（製品）：製品（商品）あるいはサービスに対し顧客が対価を支払う。有形の商品・無形のサービス・品質・包装・デザインなど。
2　プレイス（流通経路）：チャネル・ガバレッジ・品揃え・立地・在庫・

---

54) 初版では次の説明が行われている。

事業者が事業活動として行う流通機能には以下のようなものがある。

① 需給調整結合機能

　需給調整結合機能とは、商品の質と量を消費者の欲求に適合するように調整する機能である。生産と消費との人格的懸隔を架橋する最も中心となる機能である。（中略）(1) 市場把握・(2) 商品調整・(3) 販売促進と (4) 商取引（売買）、（中略）(5) 消費者情報伝達機能に分けられる。（中略）

　流通業の商品調整は、商品計画（マーチャンダイジング：merchandising：品揃計画や仕入計画、陳列計画）であり、需要に合致した機能・性能の商品の仕入れ・品揃え、陳列レイアウト、棚割りを計画する活動であり、需給の質的および量的調整を行う機能である。また商品調整は、仕入先を探索する活動を含み、仕入先の有無や仕入の可能性の有無によって、商品計画は変更される。（中略）

② 物的流通機能（中略）(1) 輸送機能と (2) 保管機能（中略）
③ 促進的機能（中略）(1) 金融機能と (2) 危険負担機能がある。

輸送等
3　プロモーション（販売促進）：いくつかの項目に分かれている。
　① 広告
　② 販売保進
　③ 広報活動、等
上記を用いて、自社の製品を的確な手段で顧客へアプローチする能力が問われる[55]。
4　プライス（価格）：表示価格・価格調整・割引・支払い条件　等

第2節　流通チャネルの類型

　流通チャネルとは、企業の製品を顧客のもとへ届ける役割を担う流通業者全般のことを指す。製造企業がもつ独自の販売網やサービス機関などの内部機関に加え、販売代理店や卸売業者、ディーラーや小売業者などの外部機関など、その種類は多岐にわたる。
　流通チャネルの典型例は生産者をM、卸売業をW、小売業をRとした場合、次のようである[56]。
　① M-C
　② M-R-C
　③ M-W-R-C
　④ M-W-W-R-C
　⑤ M-W-W-W-R-C

1．流通チャネルの役割

　チャネル戦略(流通戦略)のおける流通チャネルの役割には以下の7つがあ

---

[55] 片上洋編著『学生の学生による学生のためのマーケティング入門（初版）』2007年、pp.16～17.など参照。
[56] 同書、pp.58～60。

る。
　調査；製品に対する意識や意見など情報収集する。
　プロモーション：チャネルを巻き込んだ、販売促進活動
　接触：予想される顧客を掘り起こし、これと接触していく
　交渉：価格やその他の取引条件における最終合意をとること
　適合：より細かな顧客のニーズに対応する
　物流：製品の輸送とその保管
　金融：流通に必要とされる資金の確保とその配分
　チャネル戦略(流通戦略)では、これらの役割を顧客の受取価値が高めるように最適なチャネル設計をする必要がある。
　チャネルには段階がある。
1. ゼロ段階チャネル(直販)
　自社→顧客(直販)：自社が直接顧客に販売する、直接販売(直販)である。高額な商品、説明が難しい商品で多い形態である。近年のインターネットの発達により、これまで直販では難しかった製品が自社サイトで販売されることも多くなってきた。例えば、「パソコン」を直販しているのは、以前はDELLなどごく一部のメーカーのみであったが、今ではどのメーカーの製品でもメーカーの自社サイトから購入できるのが当然になっている。
２．１段階チャネル
　自社→小売→顧客：実店舗(リアル店舗)が必要な商品で、最もシンプルなチャネル形態である。以前は、小売業界では、卸売業者を介した「2段階チャネル」だったものが、「中抜き」により、メーカーから直接購入ことが増えている。
３．２段階チャネル
　自社→卸売→小売→顧客　　スーパー、量販店など、商品点数が多く、商品単価が低い商品販売では、小売と自社の間に卸売業者が入ることが、一般的である。例えば、食料品などは、卸売業者が仲介をおこなって小売業者に製品を販売する(卸す)

4．3段階チャネル

自社→卸売→二次卸→小売→顧客　　小規模小売店などが多い場合に、とられる流通形態である。例えば、文具業界などでは、地方ごとに二次卸業者が存在する。しかし、物流網が発展した近年では、中抜きが発生し二次卸業者は淘汰される傾向にある[57]。

第3節　マーケティングチャネル戦略の展開

マーケティングは、製造業者が自社製品を競合他社よりも多く販売するための独自のマーケティングチャネルを構築し、広告などプロモーションを行い、製造業ブランドを確立し、市場調査によって需要に対応する新製品を開発し、市場を拡大しようとするための経営戦略として発生した。

マーケティングチャネル戦略の展開として主に4つの戦略がある。

1　流通チャネル短縮化戦略

卸売商や小売商の商業を排除して製造業者が消費者に直接商品を販売しようとする戦略である。消費者と直接取引するのであるから消費者情報の獲得にも有利となる。また、消費者との直接コミュニケーションが可能となるので、マーケット・リサーチを同時実施することができ、商品に迅速に反映させることが可能である。

2　流通チャネル多様化戦略

自社の同一種類の商品を扱う商業者のタイプを多様化する戦略である。取り扱う商業者の多様化によって消費者便益・市場、製品細分化・市場拡大・小売商の取扱商品種類の多様化などをもたらすことになる可能性がある。

---

[57] https://cyber-synapse.com/dictionary/ja-ta/channel-strategy.html（2019年2月26日現在）

3　流通チャネル選択戦略

製造業者が自社製品を商品として取り扱う小売業について商品種類や品目の相違によって小売業態や小売パッケージを選択するような流通チャネルを構築する戦略である。以下の3種類の選択方法がある。

① 開放的販売制…どの小売商に対しても販売する戦略である。
　　最もチャネルの幅が広い政策である。
② 集約的販売制…すべての小売店舗で自社製品を取り扱わせようにする戦略である。
③ 選択制販売制…市場シェアを確保する販売力を持つ卸売業と小売店舗を選択し、自社製品を取り扱わせる戦略である。

4　流通チャネル系列化戦略

流通系列化とは、メーカーが自社商品を販売しやすくするために卸売業者や小売業者など流通業者に関係の強化を求め、他メーカーに対する競争上の優位性を獲得するため、組織化することをいいます。

定価や標準価格、メーカー希望価格、推奨価格などと呼ばれる製造業者の指示価格を小売業者に徹底する目的で行われる。また、製造業者自社製品の販売にのみ販売のための努力と資源を投入する流通チャネルを構築する目的で行われる[58]。

（2019年3月卒業　小野翔太）
（2019年4月4年　長崎　蓮）

---

58) 片上洋編著、前掲書、pp.60～61。

第8章　タウンマネジメント戦略
（商業集積型市街地活性化戦略）

【設問1】タウンマネジメント戦略がなぜマーケティング戦略といえるのか説明せよ。
【設問2】地域の活性化、人口の増加、産業の発展、雇用・所得の増加、市場の拡大などの概念を関連付けて説明せよ。

第1節　地方創生の事例

　商業集積型市街地を活性化するためには、買い物の場としての利便性、快適性、娯楽性を高める必要がある。また活性化によって消費者にとってより好ましい業種・業態の店舗の出店誘引が可能となり、買い物の場として利便性、快適性、娯楽性が高まり、商業集積としての集客力が向上する。これを長岡市にあてはめて考えてみる[59]。

59）初版では商業集積の可能性について、次のように述べている。
　各地域の発展のためには、各地域が相互に有機的関連性のある産業クラスター間のネットワークとして構築される必要がある。各クラスターは原材料・完成品生産、流通機構と最終消費市場、商業集積を含む生産・消費循環完結型のクラスターである必要があり、商業集積クラスターを範囲に含めて地域際的分業関係によって結ばれたものである必要がある。このような地域際的産業クラスターは市場を「土壌」、商業集積を「根」とする関係性モデル（industrial tree model）である。（片上洋編著『学生の学生による学生のためのマーケティング（初版）』、2007年、三学出版、p.90。）

1. 消費人口増加の要件

　長岡市では副都心として発展しつつあり、信濃川川西における千秋土地区画整理事業の大規模商業施設として建設され、2007年4月20日にリバーサイド千秋をオープンした。アクセスも関越自動車道長岡ICから車で約15分長岡駅からは循環バスが出ており市民にも行きやすく市民にはおなじみの場所になっている。近くには病院、保育園、マンションなどとても暮らしやすくなっていて長岡市の消費人口も上がっている。

　長岡駅の周辺でいうと平成24年4月に長岡市シティホールプラザ アオーレ長岡が誕生した。ここは全国でも珍しいイベントホールと市役所が合体した施設ができ、コンパクトな街づくりを目指しており、市民が集まる長岡の中心に施設を作ることで人を誘致ができ地域活性化しその周辺の商業施設と住民がwin-winの関係が作れる。

2. 観光客増加の要件

　観光が国内経済に与える影響は大きい。観光消費がもたらす国内経済への波及効果を示したものである。これを見ると、観光消費額22.4兆円に対して、生産波及効果は46.4兆円、このうちの付加価値誘発効果は23.7兆円、雇用誘発効果は397万人となっている。

　参考：「中小企業・小規模事業者が直面する経済・社会構造の変化」『中小企業白書第2部（2014年）』(http://www.chusho.meti.go.jp/pamflet/hakusyo/H26/h26/html/b2_1_2_2.html(2019年2月19日確認)

　長岡市の観光に目を移してみると長岡大花火大会が観光客増加していることが思い浮かんだ。長岡大花火の歴史は古く、1879年9月14日・15日千手町八幡様のお祭りで、遊郭関係者が資金を出し合い、350発の花火を打ち上げたのが始まりとされている。本格的な花火大会になったのは、1906年のことであり、その後、太平洋戦争で中止を余儀なくされ、復活したのは1947年の「長岡復興祭」でした。このお祭りは、1945年8月1日、町の約8割が焼け野原となり多くの犠牲者が出た長岡空襲からの復興を願い、翌年8月1日に行わ

れた戦災復興祭である。現在は「長岡まつり（毎年8月1日～3日、長岡市内各地で開催）」に改称されているが、空襲で命を落とした方々への慰霊の念、長岡再興に尽くした人たちへの感謝の気持ちが込められていることは、今も変わっていない。そして水害、地震、豪雪といった3つの大きな自然災害からの復興元年とし2005年から登場したのが現在の長岡大花火大会の代名詞ともなっているフェニックスだ。

　これからは年々増加する外国観光客の対応、来場者の受入れ体制の整備を促進する。また、関係機関と連携し、外国人来場者へのサポート体制の構築を目指している[60]。

3．都市計画と商業集積型市街地

　都市計画の規制が存在する地域では商業集積の形成、存続、発展に対して影響を与えるが、都市計画区域外における商業集積の形成も既存の商業集積に影響を与える。都市計画を適用すべき「都市計画区域」は、都道府県知事が、一体の都市として総合的に整備し、開発し、及び保存する保全する必要があるとして指定する区域である（都市計画区域外で将来における都市としての整備、開発、保全に支障が生じるおそれがあると認められる区域を市町村は「準都市計画区域」として指定することが出来る）。

　①街路事業都市計画で決定された道路を新設ないし改良する。道路が拡幅されると道路用地の買収が行われるので、店舗改築の自己資金として利用して、商店街近代化事業が行われることがある。しかし道路が拡幅され、さらに自動車交通が増加すると、道路の両側の商業集積の一体性が失われることになる。また店舗敷地の奥行きが浅いと敷地の削減で店舗が成り立たなくことも起こりうる。

---

60)『花火といえば長岡花火！日本三大花火にもあげられる、長岡花火の魅力』
(https://career.niigata-job.ne.jp/　2019年2月19日時点)

②市街地再開発事業都市再開発法に基づき、細分化された敷地の統合、不燃化された共同建築物の建築、公園、広場、街路等の公共施設の整備等を行うことにより、都市における土地の合理的かつ健全な高度利用と都市機能の更新を図る事業であり、都市計画で高度利用地区の指定を受けた地区でなければ行えない。事業施行区域内にある建物は除去され、敷地を共同所有地とし、高度利用することにより、公共用地を生み出す。高度利用で建てられた新しい建築物の一部は旧権利者（土地・建物の所有権者と借地権者）に原則として等価で与えられ（権利床）、一部は保留床（処分床）として売却され、購入者が権利を持ち、売却代金は事業費にあてられる。保留床を大型店に一括して売却することが行われてきたが、住宅や公共的な用途に売却することも行われるようになった。このような権利変換による再開発事業の長期化等の問題を解決するために、市街地再開発事業の新しい方式が生まれ、第二種とされ、従来の個人または組合が施行者となる権利変換方式を第一種と呼ぶようになった。第二種は管理処分方式または用地買収方式とされ、公共性・緊急性が特に高い事業に適用され、施行地内の建物・土地等を地方公共団体、都市基盤整備公団、地方住宅供給公社等の施行者が買収または収用し、買収・収用された者が希望すれば、その代償として再開発ビルの床を与える[61]。

③地域に合わせた街づくり

　近年の都市計画のやり方を見ているとどこも大型ショッピングセンターを造り、その周辺に新興住宅を建てて人を呼び地域を活性化するという動きばかりでやり方が同じでは街の成長は見込めないと思う。

　そんな中で私が提案するものはまず初めに、元からその地域に住んでいる市民に要望を聞くオーディエンスリサーチをし、市民たちが望む地域づくりをする活動をすれば市民がより住みやすい街になり、地域発展が見込めると私は思う。そういった中でも道の駅は良い例だと思う。地域の特産物などを置くこと

---

61)　『商業集積と都市計画 ‑ Toyohashi SOZO College ‑ 豊橋創造大学
　　（http://www2.sozo.ac.jp/pdf/kiyou20/05SUZUKI.pdf　2019年2月19日時点）

で地域アピールにも繋がることが見込めるので今後の街づくりには必要な存在といえるだろう[62]。

(2019 年 3 月卒業　加藤　拓人)

第 2 節　地方のプロモーションと観光ナビゲーションシステム

　民主党から自民党への政権交代選挙の前年（2008 年）、当時の経済産業省の依頼で「観光立国」に関して、地域の観光化のために提言した。あれからもう 10 年が経過しているが、政権が変わっても変化がない。その概要を下記に述べる。なお同様の内容は、すでに 2014 年出版の西田安慶・片上洋編著『地域産業の振興と経済発展』(三学出版)に掲載されている。その提言書の主題は「ユビキタス観光情報システムによる観光立国の提言」である。

　上記の編著書はいわゆる研究書である。しかし、ここでは、学生によるマーケティングのテキストにも、地域マーケティング、地域ブランディングの手法として学生の目に触れさせたい。またタウンマネジメントについて事例調査をした学生に対する応援の意味で、上記編著書の内容を転用した。地方民間主導の事態は変化しないまま、地方自治体や地方交通機関、地方の事業家の団体等で現在、全国で 70 か所以上の観光ナビのサイトが立ち上がっている。この大学が設置された地域でも必要な内容と考えるところである。したがって、下記の文章の大部分は上記編著と重複していることをお断りしておく。

　観光情報システムの事例として、「小樽でスマートフォンと AR を活用した観光情報システムの実証実験[63]」、「OKINAWA2GO「24 時間対応のコンタクトセンターで案内」、「京都界わい観光案内システム」、「鹿児島市地図情報システム『かごしまｉマップ』」、「平泉 UD 観光情報社会実験 2007」、「UD 観光情報システムえさし藤原の郷・プロジェクト」などを紹介し、下記の考察を行った。

---

62) http://www2.sozo.ac.jp/pdf/kiyou20/05SUZUKI.pdf（2019 年 2 月 19 日時点)
63) http://internet.watch.impress.co.jp/docs/news/20100906_391564.html（2013 年 6 月 24 日時点)

スマートフォン向けにアプリを無料配信して、スマートフォンを無料レンタルできる、泊まる、食べる、遊ぶなどのカテゴリで案内システムは、観光客には便利である。また、観光客が求めていることは、街並みや風景の動画自体ではなく、そこにどのようにしてたどりつけるかであり、観光客による撮影に対して関係する動画の配信でなく、それに対して位置を示し、周辺の観光資源の紹介や、検索した目的地へのナビゲーションであろう。

「京都界わい観光案内システム」のように、観光コース別の検索システムも良いであろう[64]。そのシステムによる「バス接近情報のメール通知」(市交通局の市バス接近情報)と「連動することより、事前に通知時刻を設定」することで、「現在いる観光施設と最寄りバス停に直近のバスが接近したことを電子メールで知らせる「界わい観光コース277種類、525コース」を設定し、「出発地バス停から目的観光施設への市バスの乗車案内と下車案内を表示」する機能も観光客に便利である。「下車バス停から目的観光施設への地図を表示」。「目的観光施設の写真を表示」。「周辺観光施設情報を表示。」などがある。

観光客は、コースを選ぶ前に、概略を知ったうえでのコース選び、場所の特性に応じたコースの選択を行うであろう。また、市バスだけでなく様々な交通機関に対応でき、コースを作成する楽しさを加味する必要があり、ナビゲーションシステムが必要だろう。また、携帯によっては利用できないというものであれば、無料貸し出しも必要だろう。

「平泉UDガイド」プロジェクトでは、次世代観光情報システムの研究開発を行っており、高齢者、障害者、子供、外国人を含む多くの観光客に平泉の魅力を効果的に伝えていくことを目指したもので、携帯電話に利用者の身体特性(車いす、オストメイトなど)や、使用言語(日本語や英語など)を入力して設定すると、車いす利用者専用トイレの場所、音声案内など、個々に応じた情報を提供し、毛越寺境内の観光スポットにアクティブタグと呼ばれる小型の情報発信装置を設置し、対応する携帯電話と利用者の位置などのデータを交換し、インターネットを通じてその人に適した情報が届く仕組みであるとされてい

---

64) http://raku.city.kyoto.jp/kaiwaikanko/kaiwai_index.html (2013年5月時点)

る[65]。

　上記の事例から、都道府県市町村によるスマートフォンの無料貸し出しを経済産業省が、「観光立国」事業として指導し、それを実現する財政措置を講じること、アプリについては、自由な検索機能、コースの紹介、使用目的別の地図の提供、位置情報と連動した案内などのサービスと機能、これに加えて、検索機能とナビゲーション機能の連動した機能、これらを各都道府県において開発・整備させるべく指導して財政措置を講じること、政府レベルで専用サーバーを設け、そこに各都道府県がアップロードできるようにすること、それと同時に、政府経済産業省が指導的に、検索機能、検索機能と連動したナビゲーション機能、ルート作成支援機能、ナビゲーション機能と連動した各地の公共交通機関ダイヤ検索機能を開発し、各都道府県を指導することが必要である。またスマートフォンを利用したナビゲーションシステムを商業的に行っている事業者との連携、通信事業者との連携、通信費を観光客に負担させずにグローバルに観光客を誘致するための財政措置を講じることが必要である。

　さらに、都道府県市町村のコンベンションセンターを充実させ、上記のナビ機能、検索機能と連動して、上記事例にもあるような電話で相談に乗るシステムを実現することが必要である。

　以上のようにして、地場産業を観光化させ、ブランディングし、需要を創出していくことによって発展させ、地域を経済的に活性化させる必要がある。このための重要な資源の一つとして、地場産業、伝統産業が保護され、かつ発展を遂げるべきであろう。

（編者）

---

65)　http://www.si.soft.iwate-pu.ac.jp/hiraizumi/experiment.html（2013 年 5 月時点）

第9章　E-マーケティング

【設問1】インターネットを利用したビジネスモデルを挙げよ。
【設問2】IT革命の意義を説明せよ。
【設問3】インターネット利用の普及によって、マーケティングはどのように変化したか説明せよ。

第1節　インターネットによるビジネス

1．インターネットビジネスの生成

　インターネットは、1969年にアメリカ国防総省が軍事通信網として設置し、その後、大学や研究機関のコンピュータサイエンスを中心とする学者が利用し、FTPやTELNETなどにより電子メール利用が行われた。また、1990年代半ばよりWWWのブラウザソフトが開発され、接続サービスが始まり、各企業がホームページを競って作り出し、商品利用が活発化し、現在に至っている。

　インターネットが利用される以前から、主要企業ではLAN：Local Area Networkといわれる企業内の販売情報、財務情報、在庫情報などの経営情報システムが組まれていた。また、VAN：value-added network（付加価値通信網）[66]を用いて、材料・部品の仕入れ先との受発注、旅行エージェントと各航空会社、日本国有鉄道（現在ではJR）との航空券、座席指定券の予約、チェーン小売業のPOSシステムによる売上記録の集中管理などが行われた。

　しかしインターネットは、不特定多数間のOPENなネットワークである。手持ちのコンピュータを端末として、TCP/IPといわれる共通のプロトコルを

---

[66] 通信事業者が付加価値をつけて提供する通信サービス

使って、接続プロバイダーを通して、誰でも世界に繋がるネットワークである。このため、インターネットはわずか商用利用開始5年で10％の普及率をみた。企業が経営上でインターネットを使おうとするのは次のような理由がある。

① WWWにより画像、音声など魅力的なコンテンツが配信できるようになった。
② 通信回線料が専用回線に比べて非常に安い。
③ 世界中の誰とでも繋がる。

2．インターネットビジネスの展開

インターネットビジネスとは、インターネットを活用したビジネスモデルの総称である。インターネットの活用で得られる特質から創造的価値を生み出しているのが特徴。このインターネットビジネスを利用者層として活用するビジネスモデルは様々あるが、その中の一つにネットビジネスと呼ばれるものがある。言葉は似ているが、そもそもの階層や概念が異なるので注意が必要である。両者の違いは一般的にイノベーションの有無で区別できる。

インターネットの利用に伴って発生した新しいビジネスには、以下のようなものがある。

　(1) インターネット・プロバイダー
　(2) ホームページ作成代行業
　(3) 検索エンジン
　(4) 情報サービス、楽曲・デジタル出版物配信サービス
　(5) プラットフォーム・ビジネス
　(6) バーチャル・モール、バーチャル・ショップ

無料のプロバイダー、検索エンジンや情報サービスは、バナー広告を掲載してその収入で経営を行っている。

第2節　IT 革命とマーケティング

1．IT 革命と EDI（電子データ交換）

　世界の企業・個人がネットワークで結ばれるようになった今日、経営活動におけるキーワードは「IT 革命」である。現在、企業間の取引は、デジタルのデータを交換しあう EDI：Electronic Data Interchange（電子データ交換）によって行われるようになってきている。その結果、企業のコンピュータシステムは、内部情報交換による業務効率の向上だけでなく、国内外の顧客やパートナー企業を結ぶインターフェイスの役割を果たしている。

　IT 革命とは、インフォメーション・テクノロジー（情報通信技術）、インターネットを使って企業が消費者や他企業に対するマーケティングを展開しようとするビジネスモデルの提示である。インターネットでは、消費者、小企業・零細企業も同じ立場で情報発信が可能であり、すべての取引相手に大きな影響を及ぼすことが可能であり、すべての売り手と買い手とが interactive：インタラクティブ（双方向）に情報交換することが可能である。

　では、IT 革命はなぜ起こっているのかである。IT 革命の解説に多くの人がしっくりこない理由は、それらが、IT の技術的な可能性、IT でできることの解説が中心であるためである。例をあげて考えてみよう。1976 年に発売されたスーパーコンピューター「CRAY1」の演算速度は 0.08GFLOPS だった。一方、今日の高性能パソコンの性能は 1〜数 GFLOPS に達している。これは、24 年前の CRAY1 の十倍以上であり、1990 年前後のスーパーコンピューターと同水準である。ランクを普及機に落としても、さまざまな条件を単純化していえば、今の普及型のパソコンでも、二十年ほど前のスーパーコンピューターと同等の能力がある。一般に、様々な製品の普及は、それ自体の魅力に加えて、利用者にとってのコストが普及のスピードを決定すると考えられるが、IT 分野では、その取得や利用のコストが急速に低下したことで、情報通信機器やネットワークの急速な普及が進み、そのことが、社会・経済活動の条件を変えつつ

ある。それが IT 革命なのである。

2．マーケティング活動

インターネットマーケティングはインターネットの創造的な面と技術的な面を統合した概念であり、設計、開発、広告、販売といったものを含む。

インターネット上のマーケティング活動としては、次のものが挙げられる。
- ・WEB 広告やバナー広告
- ・テレビ CM と連動した WEB 広告
- ・顧客ニーズのアンケートによる収集
- ・ネット上でのゲーム広告
- ・メルマガ広告
- ・アフィリエイト広告

などが挙げられる。

参考 Web サイト：

ACCIA www.accia.net/glossary/mark/emarketing.html （2019 年 2 月 20 日現在）

3．ビジネスプロセスとマーケティングシステムの革新

（1）バーチャルコーポレーション

インターネットはオープンなメディアであるから、共同開発のために世界中から最強のパートナーを見つけることができ、空間的・時間的な限界を超えてプロジェクトティームをつくることもできる。

インターネット上で相互に最適・最強のパートナーを発見し、法人として相互に独立性を保つ企業間で、ネット上でのみ存在するバーチャルコーポレーションを開設することにより、効果的かつ効率的な製品開発やその他のマーケティング諸活動が行われ、競争力を強化している[67]。

---

[67] 企業統合（EI：Enterprise Integration、または Electronic Integration）：リアル空間における企業の独立性を維持したままで、サイバー空間において、企業間、異なった企業の

（2）コンカレントマーケティングシステムとサプライチェーンマネジメント

インターネットマーケティング、Webマーケティング、Eコマース(EC)のメリットとして、インターネットをマーケティングに活用できる点が挙げられる。

①製品調整、製品計画(製品開発)とプロモーション

製品計画・製品開発計画は、第4章　製品戦略にあるように、数段階の時系列的なプロセスの体系により成り立っているが、Intranet：イントラネットを利用して、各部署の業務の内容や作業の進行状況について共通のデータベースを相互に閲覧し、相互に書き込むことによって、縦列的ないし時系列的な作業プロセスに、同時並行的(concurrent：コンカレント)なプロセスに置き換え、効率を高め、ペーパーレスを実現できる。またこれによって時間の無駄やロス、受発注の品目・数量・価格・仕様書など転記の間違いを回避することができるようになった。

②マーケティングチャネルの統合とサプライチェーンマネジメント

また、第3章戦略的マーケティングプロセスでも述べられているように、ミクロマーケティング環境は多くの自立的な諸機関から構成され、それらを統一的な意思のもとにコントロールする必要があるが、これらの諸機関がデータベースを共有することによって、マーケティングプロセスをコンカレントなプロセス、つまりコンカレントマーケティングプロセスとすることができる。また流通機構もまた多くの自立した諸機関によって構成されているが、データベースを共有することによって、原料調達から完成品の配達にいたる流通の各段階をオンライン化して一つのマーケティングチームとし、顧客の求める商品を迅速に供給する、サプライチェーンマネジメントを行うことができる。

企業内や取引企業間でEDIを行い、原材料の生産から完成品の納品・決済まで、製造と流通の繋がりをもつ諸企業をマーケティングチームと見なし、製品供給までのサプライチェーンとして統一的な経営管理・顧客対応を行うサプ

事業部間、機能部門間において、バーチャル・エンタープライズ、バーチャル・コーポレーション、バーチャル・カンパニーなどと呼ばれる仮想企業に統合すること。

ライチェーンマネジメントを実現することにより、顧客対応のマーケティングが可能となってきた。

③インタラクティブコミュニケーションプロセスへの統合

またインターネットは双方向の(インタラクティブな)情報メディアであるから、これを利用することによって顧客とのインタラクティブな関係を構築することができる。つまり消費者の声を非常に素早く企業側が受け取ることができる。このため、インターネットマーケティングでは、市場把握とプロモーションとがインタラクティブコミュニケーションという一つのプロセスになっている。

商品開発や商品計画、プロモーションとブランド、商品のイメージや品質について企業行動の効果測定が迅速にでき、生きた市場調査を簡単に行うことが可能であり、デジタルデータであるからそのまま利用することもできる。

(3) One to One マーケティング、パーソナルマーケティング、リレーションシップマーケティング

さらに、インタラクティブコミュニケーションによって、個々の顧客に合わせて、商品・サービスをカスタマイズする、One to One マーケティングが可能である。また、CAM:Computer Aided manufacturing(コンピュータ支援生産)によって大量ではあるが一つ一つは異なっているものを秒速で生産する「一枚流し」の技術が発達しているため、顧客一人一人(個客)の求めるものを開発し、提供するパーソナルマーケティングが可能である。

インターネットを利用して顧客を自社につなぎとめ、購買後の商品の利用と保証をサポートすることによって、市場を確保しながら、商品とサービスの複合的品質を向上させ、プロモーションに役立て、品質・サービス・受発注スピードなどについてのレスポンス(顧客の反応)が得られるため、買い替え需要についてリピーターを増やすことができる。このような企業と消費者の関係を築くマーケティングをリレーションシップマーケティング(関係性マーケティング)という。

参考文献:

片上洋編著『学生の学生による学生のためのマーケティング（初版）』2007年、三学出版。

(2019年3月卒業　神田美佳)
(2019年4月4年　大橋泰智)

第 10 章　小売業マーケティング

【設問 1】小売業について説明せよ。
【設問 2】小売業の競争形態を説明せよ。
【設問 3】小売業の「事業の定義」を説明せよ。
【設問 4】エリアマーケティングを説明せよ。
【設問 5】アンゾフの「製品・市場戦略」を説明せよ。
【設問 6】小売業のマーケットセグメンテーションを説明せよ。
【設問 7】PB と NB の相違を説明し、PB の分類を挙げて説明せよ。
【設問 8】マーチャンダイジングについて説明せよ。

第 1 節　小売業とは？

　小売業とは、製造業の開発・製造した製品を最終消費者に販売する事業である。取扱商品は自社製品ではない。小売業にとって自社製品は小売パッケージである[68]。小売パッケージとは、品揃え・店舗の立地・店舗の規模・レイアウト・人的サービス・雰囲気である。小売パッケージを小売業の生産する「製品」として捉え、「開発」という視点で小売業の成長戦略について述べよう。

---

68) 小売パッケージ：Retail packaging は、1986 年に日本商工会議所が使用した「小売業の製品パッケージ」という表現をもとに、片上洋が「小売パッケージ」という表現でその諸要素を整理したものであるが、『小売業マーケティング』1998 年（法政出版）の英訳後、英語使用国では、その引用もなく、Retail packaging という表現で、一般的に使用されているようである。（日本商工会議所・全国商工会連合会編『販売士（3 級）検定試験ハンドブック　常識・販売技術・販売事務編』、日本商工出版、1986 年、p.18 参照。）

1. 小売業における競争形態

小売競争の競争形態は、水平的競争・異形態間競争・垂直的競争・垂直的マーケティングシステム間競争・メディア間競争の5つに分けられる。

① 水平的競争

水平的競争は、競争の最も基本的な形態で、製品の品質や価格、店舗立地やプロモーションなどの競争である。メーカー同士や卸売業者同士の競争で、最も激化しやすい争いである。

② 異形態間競争

異形態間競争は、等しい流通段階における異なった業種間の競争である。最近では、等しい品目を近隣の異なった業態の店舗が同時に取り扱い、価格も均等化されていて、顧客にとって「買いたい」と思う雰囲気の業態の店舗で購入することになる。

③ 垂直的競争

垂直的競争は、異なった流通段階に位置する企業間の競争である。
例えば、製造業を本業とする企業が、小売業を展開して小売業を本業とする企業と競うことである。

④ 垂直的マーケティングシステム間競争

垂直的マーケティングシステム間競争は、垂直的に統合された流通諸機関によるシステム同士の競争である。トップマネジメントによる集中的なコントロールが可能な企業グループ間やサプライチェーン間で行われることが多い。

⑤ メディア間競争

メディア間競争は、リアル空間の店舗とバーチャルショップ[69]、メディアによる通信販売など、媒体を越えた競争である。ターゲットとする顧客セグメントやそれに対応する品種、カテゴリー、品目によっても

---

[69] バーチャルショップはインターネット上の店舗であり、バーチャルモールはインターネット上の商業集積である。

異なる[70]。

第2節　小売業経営戦略

1. 事業の定義[71]

　企業の戦略方針を決定するためには、事業の定義付けが必要である。事業の定義付けは、企業理念を反映させ市場機会と企業の専門知識との双方から検討し、市場や競争環境の変化に対応する見直しが必要である。事業の定義は、企業活動の主要な構成要素を含み、経営者に事業展開の方向を示し、表現の構成要素として①物理的表現②高い精度を有するものでなければならない[72]。

2. 出店地域の選定とエリアマーケティング

　新たに店舗を出店する場合、事業の性格上最も安定した、あるいは成長する可能性が高い商圏と顧客が見込めるターゲット市場を、地理的な視点によるセグメンテーションによって選定しなければならない。エリアマーケティングは、地域間のセグメンテーション戦略である。商圏の選定は、買物行動圏・日常生活圏・都市圏・地域経済圏などを知っておかなければならない。店舗小売企業にとって最も重要な視点は商圏への対応である。地域によって気候の相違、地域文化や人口などの相違が存在する。地域的に特色のある異質なセグメントを把握し地域の顧客とのコミュニケーションを図り地域の需要に適合したマーチャンダイジングを実現するためには、地域組織や各店舗への権限の委譲と人材配置を必要とし分散的マーケティング組織への変更が必要である。

---

70) 片上洋編著『学生の学生による学生のためのマーケティング入門（初版）』2007年、三学出版、pp.71～72。
71) 同書、pp.73～74。
72) 誰に、どのような商品・サービスをどのような方法で提供する事業か？

3. 製品・市場戦略

　製品・市場戦略概念は、H.I. アンゾフが主張した戦略概念である[73]。彼は、「企業の収益性を最適化するような、製品・市場ミックスを選択して、企業が持つ経営資源を各製品・市場機会に配分することである」と定義して、企業の現在と将来に共に関連のある傾向を「共通の関連性」と呼んでいる[74]。ターゲット顧客の満足を目的として、製品ライン・品種・製品カテゴリー・品目などの品揃えが計画される。ターゲット顧客から見たサービス・品質保証・利便性・快適性・娯楽性によって、小売パッケージの性格や品質が決まる。小売パッケージに対して顧客が受け取る感性や利便性は、顧客のタイプや個人によって異なる。小売業者にとっては、その小売パッケージから最大の企業利益を得られる顧客セグメントをターゲットとして選択することが戦略的に重要である[75]。

4. 小売業のマーケットセグメンテーションとポジショニング

(1) 小売セグメンテーション

　商品に対する消費者需要の個性化・多様化という視点だけではなく、小売店舗タイプ、小売パッケージに対する選好の個性化・多様化という視点によるセグメンテーションマーケティング・ターゲティング・ターゲット顧客の側から捉えたポジショニングが必要である。小売業者は、顧客の自店に対するストアロイヤリティを確立する必要がある。そのためには、商圏の消費需要の特性に対応した、競合他店舗に対する競争上の差別的優位性を獲得する戦略、すなわち差別化戦略が必要である。当然、顧客によって同一の小売パッケージに対す

---

73) H.I.Ansoff, "Corporate Strategy"、McGraw-Hill、1965。
74) 片上 洋「ブランド価値と小売パッケージ——マーケティング視点からみた品質乖離論の批判的再考——」『企業経営研究』(2010 年)。
75) Glen L.Urban、John R.Hauser、Nikhilesh Dholakia, "Essentials of New Product Management"、1987、G.L. アーバン、J.R. ハウザー、N. ドラキア著（以下では MIT と略す)、林広茂、中島望、小川孔輔、山中正彦訳『プロダクト　マネジメント』プレジデント社、1989 年、pp.15 ～ 16。

る反応、市場ポジションが異なる。したがって、顧客の要求条件、小売パッケージに対する反応の相違によって共通する特性のある顧客グループを識別することが可能である。そのためには、顧客の欲求や行動パターンを分析することが必要である。小売パッケージに対する顧客の選好という視点から、マーケットセグメンテーションとターゲット市場の選定を行ったうえで、より差別化された小売ミックス、すなわち取り扱い製品の範囲と顧客サービスを含む小売パッケージ・商品価格帯・プロモーションを選定して、マーケティング計画を策定して、顧客セグメントにおける自店舗のポジションを強力なものとして、ストアロイヤリティを確定する必要がある。

(2) カテゴリーマネジメント

グロービス経営大学院によれば「カテゴリー・マネジメントとは、小売業者が自社の戦略や目標に基づいて商品分野（カテゴリ）を設定し、商品の管理をすること[76]」とされている。しかしながら、商品分類の基準としてのカテゴリーの意味は、一般的には「結婚式カテゴリー」やピクニック・野外活動カテゴリー」といったように共通する使用場面で必要とされる商品群というニュアンスとなる。したがって、カテゴリーマネジメントのカテゴリーは、使用場面やテーマ性によって分類された商品群のことである。これを上記の引用に当てはめると、自社の戦略や目標に基づいて商品のカテゴリー分類を設定して管理することとなる。

グロービス経営大学院はその事例を「例えば、パンを買うのは朝食のためであり、同時にバター、チーズ、ジャム、ハム、あるいは牛乳、コーヒー、紅茶などが求められる。こうした考え方、捉え方に従った売場構成にすれば、顧客にとって見やすく、分かりやすく、買いやすい売場になる」としている。これは一般的に使用されている用語で「カテゴリー」分類と表現した場合と一致している。

消費者にとって適切なタイミングで、適切な場所（売場・棚）に、適切な商

---

[76] https://mba.globis.ac.jp/about_mba/glossary/detail-11745.html

品を適切な価格で提供することで、需要の活性化を図ることを目的とする。

第３節　小売業で最も重要な３大戦略

小売業において特に欠かせないものが、小売セグメンテーション・エリアマーケティング、プライベートブランディング、マーチャンダイジング・である。

1. 小売セグメンテーション・エリアマーケティング

マーケティングリサーチによって把握される市場とは、小売業の視点からは、製造業の場合のような単に売り渡される商品の購買者の一群としての市場としてではなく、特定の業態や小売パッケージを選択して来店する顧客の購買行動の集合である。この小売市場に関しては、地域によっても、地域的な独自性が存在する場合とそうでない場合がある。また、地域的独自性の内容も様々である。また、様々な特性を持つ顧客タイプへの多様化のパターンも地域によって様々であり、それゆえにエリアマーケティングの必要性が存在する。また、顧客の年齢・性別・家族のライフサイクルの段階・所得や職業・学歴や教養・知的水準の差異・体質や育成環境・個人的興味や嗜好によっても、買物・回遊行動としてとらえた顧客の特性が存在する。さらに同一の顧客においても、購買する商品やサービスの内容によって購買行動や店舗選好・回遊店舗の内容は異質である。

エリアマーケティングとは、日本で提唱された概念である。顧客満足というマーケティングコンセプト実現のために、地域的特性に適応するマーケティングである。

高度経済成長の時代は大量消費の時代であり、他人と同じスタイル、商品を求める同質的市場であった。同質的商品の大量販売・大量流通による規模のメリットと低価格戦略が競争上極めて有効であった。しかし安定経済のもとでは、他人と違う、各自が自分にあった個性的なスタイル、商品を求める多様な異質的市場であり、各地域の発展も不均等である。エリアマーケティングは、地域

間の市場細分化戦略である[77]。

　小売企業とりわけ店舗小売業は特定の空間的位置に店舗を持ち、顧客の来店を待つ「待ちの販売」である。

2．ブランディング

（1）ブランド（商標）

　ブランド（商標）とは、製品供給者またはその事業体が消費者に対し自己の製品であることを示し、競争製品と区別するために用いる文字、図形、記号またはこれらの結合である。

　ブランドは、できた瞬間に認知されるものではない。長い時間をかけて、人々に浸透する。そして、ブランディングとは、ブランドが浸透する過程を指している。より正確に言えばブランドを顧客に認識させるための活動全般である。ブランディングの活動には、プレスリリース・ポスター・CM・キャンペーン・CRMなどがある。ブランディングの成功例をあげると、スターバックスである。スターバックスはテレビCMをほとんど行っていないが、多くの人々が知るコーヒーショップである。スターバックスというブランドから想起されるイメージは、おしゃれ・洗練されている・都会的といったポジティブなイメージで認知されているため、スターバックスは競合他社と比べても割高にも関わらず、多くの顧客から支持を集めている。

　また、ブランディングには以下のメリットがある[78]。

① 価格競争からの脱却

　　ブランディングに成功している企業は、競合他社と価格競争にならない。そのため販売価格を維持することができ、売り上げを確保しやすい。また、プロモーションへの資本投下率が減少するため利益率を上げることができる。これにより競合優位性が高まる。

77）片上洋編著、前掲書、PP.73〜74。
78）https://boxil.jp/mag/a3008/ （2019年2月28日現在）

② 調達力の向上
　　ブランディングに成功すると材料の仕入れにも良い影響が出る。仕入れ先から見た自社の印象が良くなるからである。さらに、材料を納めているということが実績となり他社との取引が円滑に進む。そのため仕入れ業者は、ブランディングに成功している企業に対しては、価格を抑えてでも取引してくれる。これが結果的にコスト削減に繋がる。
③ 人材獲得
　　ブランディングのメリットは、人材採用の面にもある。入社を考える人から見ると社会的認知度の高い企業に入るとそれがステータスになるからである。人材の定着にも一定の効果があり、会社への愛着が強まり、他社に引き抜かれにくくなる。
④ 社員のモチベーションアップ
　　ブランディングに成功することで、社員の方も業務へのモチベーションが上がる。社会から自分の仕事が認められたような感覚になり自信を持てる。これにより愛社精神が強くなり、業務に対してさらに前向きに取り組むようになる。

(2) プライベートブランドとブランディング

　小売業者や卸売業者すなわち商業者、あるいはサービス業者のブランドが付された製品は、ブランドを所有する関連事業者や自己の店舗でのみ商品として取り扱われ、普及の範囲が自店舗や関連事業者の顧客という狭い範囲に留まるため、プライベートブランドと呼ばれる[79]。プライベートブランドの例を挙げるとイオンのトップバリューなどがある。
　消費者の商品選択の傾向は、一般的には、専門品・買廻品を中心として、人並みでは満足できず、より個性に合った、あるいはより高品質の、いわゆる「本物」を求める高品質志向（本物志向）へと向かい、また最寄品・日用品を中心

---

[79] これに対して、製造業のブランドは全国のどの流通業者でも扱われるので、ナショナルブランド（NB）という。

として、利用する機能やそれを発揮する使用期間と価格との関係、経済性や合理性を重視した低価格志向へと向かい、この傾向は、同一消費者においても存在する消費における傾向の分化という意味で、「消費の二極分化」とよばれている。

しかしこの傾向は、実際には、買回品・専門品対最寄品という消費者の購買行動を基準とする商品分類を根拠として単純に説明できるものではない。家電製品は、購買行動の特徴からみれば専門品の一種であり、耐用年数・使用期間も長く、一般的に高額であるので、購買頻度も低く、慎重に検討して高品質志向、本物志向で商品選択するのが一般的と考えられる商品である。

しかし、高度成長期における家電製品の普及と電化生活の一般化は、家電製品に生活必需的な耐久消費財という位置づけを与えた。家電製品を含めた電化製品・情報機器、カメラはもちろんのこと、ファミリーカーに到るまで、短いサイクルのモデルチェンジによる計画的陳腐化は、買い替え需要を促進し、これら耐久消費財の、耐久財としての性格を希薄にした。このようにして、耐久消費財に対する使用期間を想定した、実用志向による購買行動が生じるに到った。

また、耐久消費財を含め、1970年代に始まる長期的な景気低迷、バブル崩壊と、その後の実感を伴わない緩慢な景気上昇と景気不安のもとで、低価格志向が相対的に拡大した。

これに対応して、低価格で販売でき、粗利益の幅も大きい商品として、プライベートブランド（PB）製品が増大した。PBは、流通業者が製造業者と提携して（製販同盟）開発した商品である。ここでいう流通業者は、主として商取引を中心とする流通業務を行う事業者やサービス業者であるから、狭義の生産を行わない。したがって、製造者ないしは製造物責任者としての流通業者は、現実に製造を行う能力を有する製造業者と提携ないし統合せざるを得ない。

商品としてのPB製品の開発は、製造業者が製品として開発したものを流通業者が自社ブランド商品として選択し、製造業者に製造を委託した場合と、流通業者が製品として開発し、製造業者に製造を委託した場合とがある。いずれ

の場合も、流通業者はPB製品の「製造者」であるから、製造業者からすれば返品の危険性がなく、大量に一括での注文であるから、その分低廉な工場出荷原価で受注することになる。流通業者からすれば低廉な仕入原価での仕入が可能である。

またプライベートブランドは以下に分けられる[80]。

① 核PB

流通業者が製品開発し、独自の設計を行い、仕様書を作成し、製造業者が製造した製品である。

② 拡大PB

（１）ジェネリックブランド

独自のブランド名やロゴを付けず、簡素な包装で、普通名詞で販売される製品である。

すなわち、顧客にとっては購入した店舗名のみを確認することができる商品である。

（２）ストアブランド

製造者となっている流通業者独自の設計や仕様書に依らないで、製品としては製造業者の開発した製品と等しい仕様を用いながら、店舗や店舗チェーンに固有のブランド名、パッケージ、ロゴなどを設定し、これらによって当該店舗のオリジナルな商品としての体裁をとる製品である。すなわち、製造業者が「製品」として開発し、それを流通業者が「商品」として開発した商品である。

③ 周辺PB

拡大PBよりも商業者の商品開発についての関与度が低いプライベートブランドである。

（１）ダブルチョップ

ナショナルブランド（NB）と同一包装で、同一商品に流通業者の名前が併記されているもの。この場合のPB製品は、製造業者にとっ

---

[80] 野口智雄著『価格破壊時代のPB戦略』日本経済新聞社（1995）を参照。

ては自社が開発した既存の製品であり、流通業者からの大量発注によって、遊休している生産設備の稼働率を向上させることに貢献し、流通業者にとっても低価格で仕入れることができる。すなわち、ダブルチョップとは、商品として製造業者がすでに開発した製品と同一の製品に流通業者の事業者名を加え、両者共同開発の体裁をとった商品である。

（2）ライセンスブランド

海外の製造業者が開発した商品や海外の流通業者のプライベートブランド商品について、流通業者が国内における元売りとしての販売権を独占し、自己の開発した商品であるかのごとく販売するブランドである[81]。

3．マーチャンダイジング

マーチャンダイジングとは、顧客に商品を買ってもらうために、顧客の要求する「適正な商品」を「適正な時期」に「適正な場所[82]」で「適正な量」で「適正価格」で提供するための活動である。これらは「5つの適正」と呼ばれているが、あくまでもターゲットとなる顧客にとっての「適正」を指す。

小売業は、ターゲットとする顧客のニーズ、ウォンツをリサーチし、それを満足させる商品を仕入れなければならない。ファッションサイクルのある商品、とりわけそのサイクルの短い商品については、仕入れ後の販売時期、あるいは数ヶ月後、一年後の流行を先読みして仕入れなければならない。それゆえマー

---

81) 片上洋著『小売業マーケティングⅡ』2016年、三学出版、pp.31〜33。
82) 適正な場所を構成するという意味での商業集積は重要な意義を持つ。初版は商業集積パッケージを挙げている。「商業集積パッケージとは、商業集積施設・コミュニティ施設の構造、デザイン・色彩、レイアウト、店舗構成、全体の取扱商品構成、立地条件、周辺環境、複合的集積状況（他の業種や商業集積との位置関係や最寄交通機関からのアプローチとして機能する諸施設を含む）、便利な決済システムやポイント・カード、店舗案内等サービス・システム、デモンストレーション効果、普遍性、快適性、娯楽性、雰囲気等の諸要素のミックスである」。（同書、p.69。）

チャンダイジングは、市場への迅速な適応が必要な計画ないし管理活動である[83]。

(2019 年 3 月卒業　高橋絢哉)

---

83) 同書、p.35

索引

あ行

アイデア　33
IT　79
AIDMA　55
EI　→企業統合
EC（Electronic Commerce）　81
EDI（Electronic Data Interchange）　79
維持的広告　58
イノベーション　36
インターネットマーケティング　80
インターネットビジネス　77
インタラクティブ　82
イントラネット（intranet）　81
卸売　66、91

か行

買物行動圏　86
価格　15、21、39
価格弾力性　40
カスタマイズ　82
寡占　13
CAM　82
関係性マーケティング　82
関係性モデル　70

慣習価格法　46
管理価格　15、40
企業広告　58
企業統合　80
競争的広告　58
業態　85
計画的陳腐化　33
（交換）価値　39
広告　57
小売　67
小売パッケージ　84
小売ミックス　88
コミュニケーションミックス　55
コミュニケーションモデル　55
コンカレント　81

さ行

サービス　8
シェア　25
事業化分析　33
試作品のテスト　33
市場細分化　29
市場調査　6
市場の定義　23
市場把握　5
市場プロファイル分析　22

需給調整結合機能　65
消費財　27
消費者志向　6
消費者ニーズ　36
商業　11、12
商業集積　70、72
商業集積パッケージ　94
商品　6
商品調整　6
（商）取引　5
心理的陳腐化　34
人的販売　60
衰退期　31、48
スクリーニング　48
成熟期　31、48
成長期　31、48
製品ライフサイクル　31、34
（新）製品開発　16〜19、21
製品計画　30
製品広告　58
製品（の）差別化（戦略）　14、28
製品多様化（戦略）　30
セールスマン　14
先導的広告　58
戦略的事業単位　24
戦略的マーケティング　21
戦略的マーケティング・プロセス　19

戦略的マネジメント・プロセス　21
サービス的販売　60
創造的販売　60
サプライチェーンマネジメント　81

た行
導入期　31、48

な行
ナショナルブランド　93

は行
パーソナルマーケティング　82
バーチャルコーポレーション　80
バーチャルショップ　85
バーチャルモール　85
端数価格　46
バナー広告　78
パブリシティ　8
VAN　77
販売促進　7
パブリックリレーションズ（PR）　58
ビジネスプロセス　3
非人的コミュニケーション　54
品質　16

プッシュ戦略　55
物理的陳腐化　34
物流（物的流通）　67
プライスリーダー　15、40
プライベートブランド　91
ブランドロイヤルティ　58
ブランド　36
プル戦略　55
プロダクトアウト　16
プロダクトマネジメント　19
プロモーション　8、10、21、52
プロモーションミックス　52
ポジショニング　87
POP　59
本質的差別化　→物理的差別化

ま行

マーケットイン　16
マーケットシェア　→シェア
マーケティング　2
マーケティング（の）コンセプト
　　16、89
マネジリアルマーケティング　16
マーケティングチャネル　64
マーケティングシステム　20
マーケティングミックス　20
マーケティングプロセス　4、10
マーケティングリサーチ　17、89

マーチャンダイジング　94
マクロ環境　20
名声価格法　46

や行

4P　52

ら行

LAN　77
流通　1
リレーションシップマーケティング
　　82
ロイヤルティ　8

わ行

One to One マーケティング　82

片上　洋（かたかみ　ひろし）

1950 年 8 月　神戸市にて誕生
1978 年 3 月　大阪経済大学大学院経済学研究科博士課程単位取得
（1981 満期退学）
広島女子商短期大学、広島安芸女子大学経営学部教授を経て
2001 年 4 月　新潟経営大学経営情報学部教授（現在）
2005 年 2 月　韓国東亜大学校大学院博士課程修了（経営学博士）
［主たる研究業績］
『マーケティング戦略の新展開』（片上洋編著）三学出版 (2001)
『地域産業と振興と経済発展』（共編著）三学出版 (2014)
『地域産業の経営戦略』（共編著）税務経理協会 (2016)
『地域産業の経営革新』（共編著）税務経理協会 (2018)
他

**学生の学生による学生のための
マーケティング入門**

───────────────────────────────
2019 年 3 月　5 日初版印刷
2019 年 3 月 15 日初版発行
　　編著者　片上　洋
　　発行者　中桐十糸子
　　発行所　三学出版有限会社
　　　　　〒 520-0013　大津市勧学二丁目 13-3
　　　　　（TEL/FAX 077-525-8476）
　　　　　http://sangaku.or.tv
───────────────────────────────

Ⓒ KATAKAMI　Hiroshi　fe.07425　DTP nn